Coralie Bijasson
Photographies : Jean-Baptiste
Stylisme : Dominique Tu

ATELIER

MACHINE

à coudre

ENFANTS

MES PREMIÈRES RÉALISATIONS

À PARTIR DE 7 ANS

Éditions **marie claire**

S SINGER

Sommaire

Avant de COMMENCER...

IL TE FAUT

→ Une paire de ciseaux spéciale tissu.

Il faut que tu les conserves précieusement et que tu ne les utilises que pour couper du tissu. Si tu coupes du papier avec tes ciseaux de couture, ils ne couperont plus le tissu.

→ Une boîte d'épingles, tu peux mettre tes épingles sur un aimant.

→ Une règle.

→ Un crayon.

→ Du fil assorti à ton tissu.

COMMENT CHOISIR TON TISSU

Pour tous les ouvrages proposés dans ce livre, il est conseillé d'utiliser du coton car c'est une matière facile à travailler et à laver. Si tu choisis du coton enduit, l'avantage est qu'il ne s'effilochera pas mais l'inconvénient est que le tissu glissera moins bien sous le pied de ta machine à coudre. Pour les sacs et les trousses, il vaut mieux prendre de la toile de coton ou de la gabardine. Pour les vêtements, il est préférable de prendre de la batiste ou de la popeline de coton.

COMMENT COUPER LES DIFFÉRENTES PIÈCES D'UN PATRON

Un patron est le plus souvent en papier, il représente les différents morceaux que tu auras à couper pour réaliser ton objet.

Plie ton tissu endroit contre endroit, c'est-à-dire que l'on voit l'envers du tissu. Avec un stylo Pilot Roller Ball Frixion® (il s'efface avec le fer à repasser), trace les différentes pièces comme sur le plan de coupe.

Coupe ton tissu avec une paire de ciseaux que tu n'utiliseras que pour le tissu. Une fois tous les morceaux coupés, tu peux commencer à coudre. Au début, pour t'aider, tu peux tracer au crayon les valeurs de couture et tu piqueras sur tes traits.

Assemble les différents morceaux de tissu avec des épingles. Mets tes épingles perpendiculairement à la couture tous les 10 cm environ.

Positionne ton tissu sous le pied de ta machine à coudre et pique doucement sur ton trait.

LES PREMIERS PAS À LA MACHINE À COUDRE

Sur ta machine, il y a le fil et la canette. Le fil se positionne sur le haut de ta machine et s'enfile en suivant les numéros indiqués. Au début, fais-toi aider par un adulte.

La canette se situe dans un boîtier sous l'aiguille. C'est le fil du dessous. Demande également à un adulte de t'aider pour faire et mettre la canette dans son boîtier.

Lorsque tu fais fonctionner ta machine, à chaque point, le fil du dessus va chercher le fil de canette. Sur ta machine, il y a deux réglages principaux : la pression et la longueur des points.

La longueur des points la plus courante est la numéro 3.

La pression la plus courante est également la numéro 3.

Pour coudre à la machine, tu utiliseras principalement deux points : le point droit, schématisé **- - -** et le point zigzag, schématisé **www**.

Lorsque tu commences une couture, il faut que tu tiennes les fils avec ton index de la main droite. Il faut également que tu fasses un point d'arrêt. Pour cela, fais trois points en avant, puis trois points en arrière en appuyant sur le bouton marche-arrière de ta machine.

Pour diriger ton tissu, utilise tes deux mains. Tu ne dois pas tirer sur le tissu, mais le manipuler avec douceur. Le tissu doit glisser sous tes mains, un peu comme une caresse.

Au début, prends un morceau de tissu et entraîne-toi à faire des lignes droites en appuyant doucement sur la pédale de ta machine. Lorsque tu y arriveras, tu pourras te mettre à coudre tes premiers objets.

COMMENT CRANTER LES ANGLES

Lorsqu'il y a un angle, il faut souvent le cranter c'est-à-dire le couper au ras de la couture. Avant de retourner ton tissu sur l'endroit, coupe l'angle jusqu'à 2 mm de la couture. Cela permet à l'angle de bien se former lorsqu'on retourne l'ouvrage sur l'endroit.

COMMENT SURPIQUER

C'est réaliser une couture décorative sur l'endroit du tissu, souvent à 2 mm du bord de l'ouvrage. Cette couture permet de bien positionner les morceaux et souvent de refermer l'ouverture qui nous a permis de retourner l'ouvrage sur l'endroit.

PIED DE MACHINE POUR FERMETURE À GLISSIÈRE

Pour coudre une fermeture à glissière, il faut changer le pied de la machine à coudre et mettre un pied spécial, qui permet de piquer au ras des dents de la fermeture à glissière.

COMMENT RÉALISER DES FRONCES

Règle la longueur des points de ta machine sur le numéro 5. Pique une première fois à 5 mm du bord du tissu et une seconde fois à 8 mm du bord du tissu.

Ne fais pas de point d'arrêt. Retire ton tissu de la machine et tire délicatement sur le fil de canette (le fil du dessous). Les fronces se forment. Répartis-les régulièrement.

POINTS ZIGZAG

On utilise le point zigzag (souvent le point numéro 2 de ta machine) pour surfiler le tissu et ainsi éviter qu'il ne s'effiloche, ou pour coudre des matières extensibles et ainsi garder leur élasticité.

COMMENT FAIRE DES SMOCKS

Prends du fil élastique et fais une canette de fil élastique à la main.

Positionne ta canette dans le boîtier à canette et pique en points droits (point numéro 1 de ta machine). N'oublie pas de faire un point arrière au début et à la fin de la couture.

Tu as les principales clés pour réussir ! Alors amuse-toi et laisse courir ta créativité. La couture est un jeu de patience et de précision, alors n'oublie pas que « faire et défaire, c'est toujours travailler » !

ATELIER MACHINE À COUDRE

MON *Petit Atelier*
COUTURE

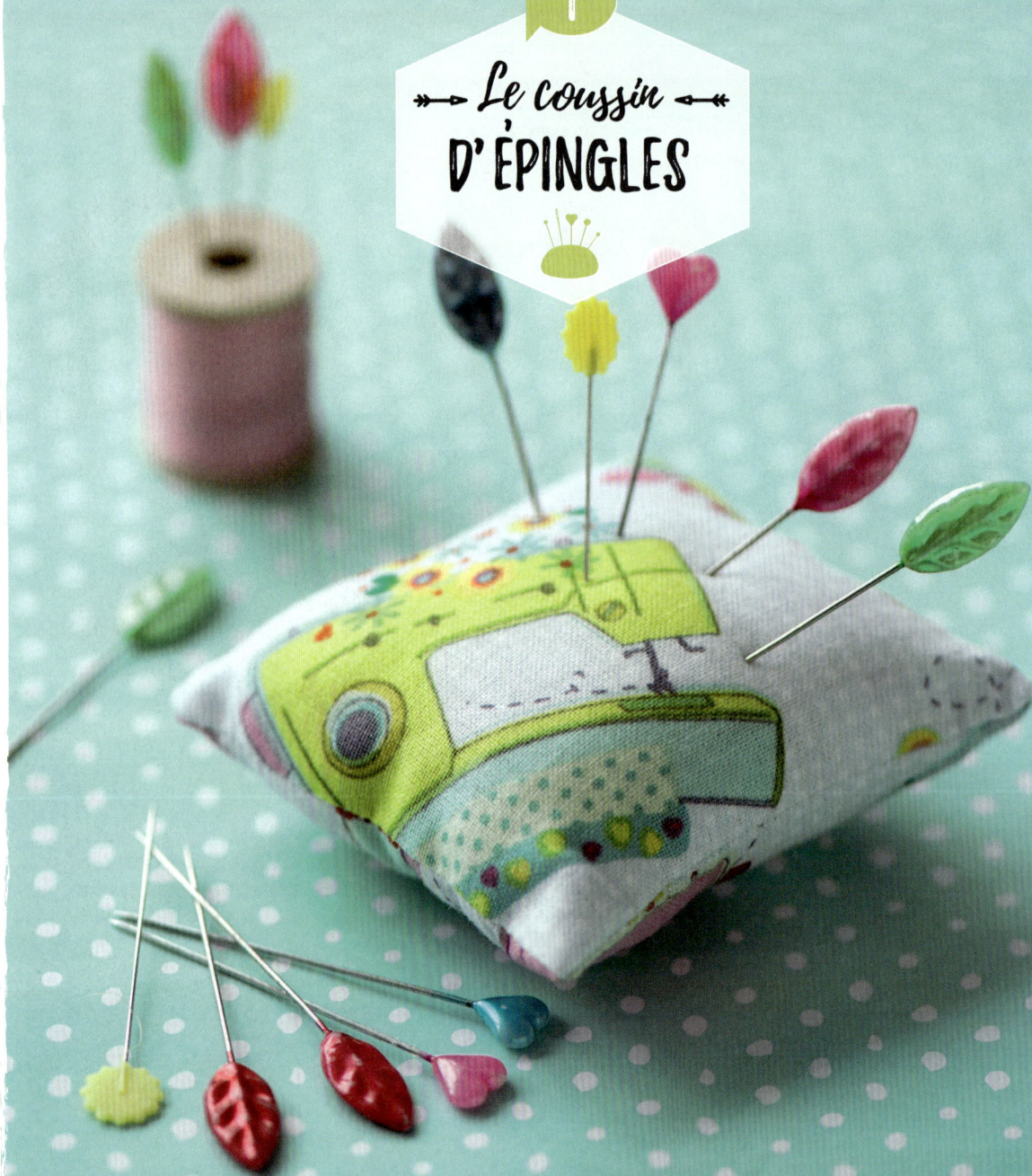

1

Le coussin
D'ÉPINGLES

La trousse
DE COUTURE

Le coussin
D'ÉPINGLES

Plan de coupe, échelle 1/4

◎ MATÉRIEL

→ 10 cm par 20 cm de coton
→ Du rembourrage
→ Du fil et une aiguille
→ Une machine à coudre

LE PLAN DE COUPE

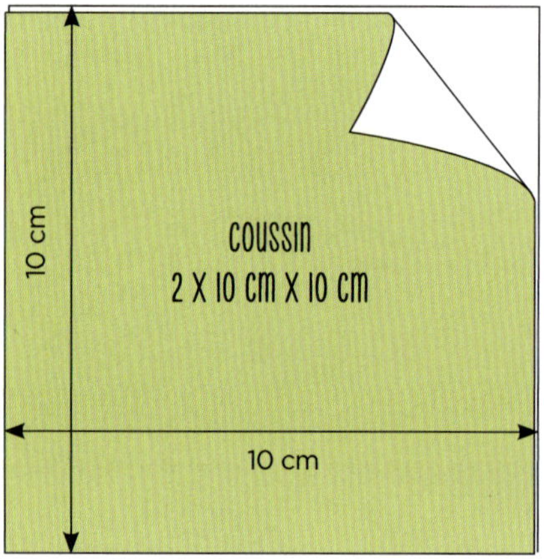

COUSSIN
2 X 10 CM X 10 CM

10 cm

10 cm

RÉALISATION

A› COUPE

1. Couper deux carrés de 10 cm par 10 cm.

B› ASSEMBLAGE

2. Épingler les deux carrés, endroit contre endroit.

3. Piquer à 1 cm tout autour en laissant une ouverture de 5 cm sur un des côtés.

4. Retourner le coussin par le trou.

C› FINITIONS

5. Le remplir de rembourrage.

6. Refermer l'ouverture avec quelques points à la main.

3. Piquer...

COUSSIN (ENVERS)

... et laisser une ouverture.

COUSSIN (ENDROIT)

6. Coudre à la main.

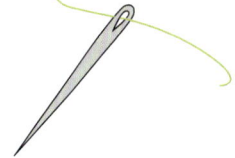

2

La trousse DE COUTURE

Plan de coupe, échelle 1/8

MATÉRIEL

→ 50 cm par 38 cm de coton fantaisie
→ 28 cm par 25 cm de coton uni
→ Une fermeture à glissière de 25 cm minimum
→ Du rembourrage
→ Du fil et une aiguille
→ Une machine à coudre

LE PLAN DE COUPE

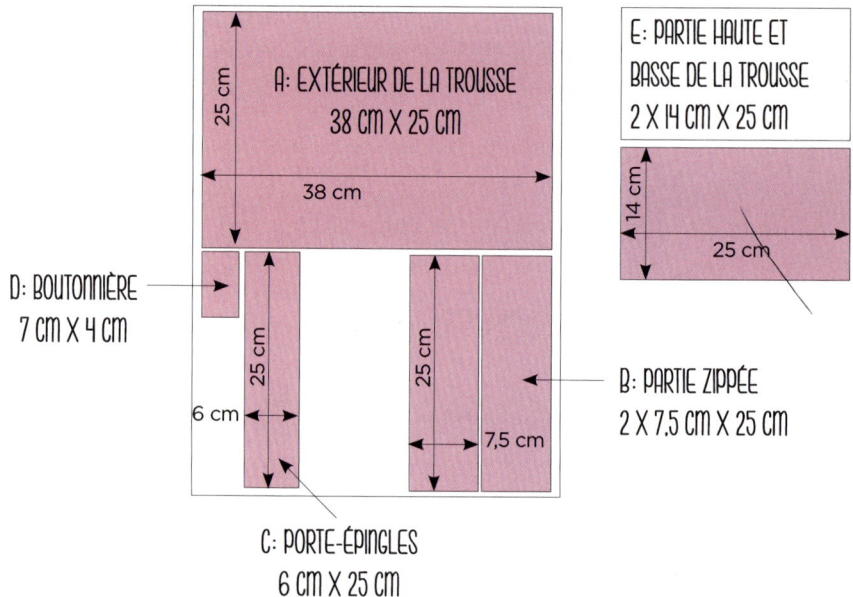

A: EXTÉRIEUR DE LA TROUSSE
38 CM X 25 CM

25 cm

38 cm

E: PARTIE HAUTE ET BASSE DE LA TROUSSE
2 X 14 CM X 25 CM

14 cm

25 cm

D: BOUTONNIÈRE
7 CM X 4 CM

25 cm

6 cm

25 cm

7,5 cm

B: PARTIE ZIPPÉE
2 X 7,5 CM X 25 CM

C: PORTE-ÉPINGLES
6 CM X 25 CM

RÉALISATION

A› COUPE

1. Dans un tissu fantaisie de 50 cm par 38 cm, couper:
- 1 rectangle de 38 cm par 25 cm (A)
- 2 rectangles de 7,5 cm par 25 cm (B)
- 1 rectangle de 6 cm par 25 cm (C)
- 1 rectangle de 7 cm par 4 cm (D)

2. Dans un tissu uni de 28 cm par 25 cm, couper:
- 2 rectangles de 14 cm par 25 cm (E)

B› POSE DE LA FERMETURE À GLISSIÈRE

3. Épingler la fermeture à glissière sur le bord d'une des parties zippées (morceaux B), endroit contre endroit.

4. Fixer le pied spécial fermeture à glissière sur la machine.

5. Positionner le pied le long des dents de la fermeture à glissière et piquer au ras des dents.

6. Épingler et piquer, de la même manière, l'autre morceau B sur l'autre côté de la fermeture à glissière, endroit contre endroit.

C› ASSEMBLAGE DES PARTIES HAUTE ET BASSE

7. Remettre le pied standard sur la machine.

8. Positionner la partie haute et la partie basse de la trousse (morceaux E), endroit contre endroit, de part et d'autre des morceaux B. Piquer à 1 cm.

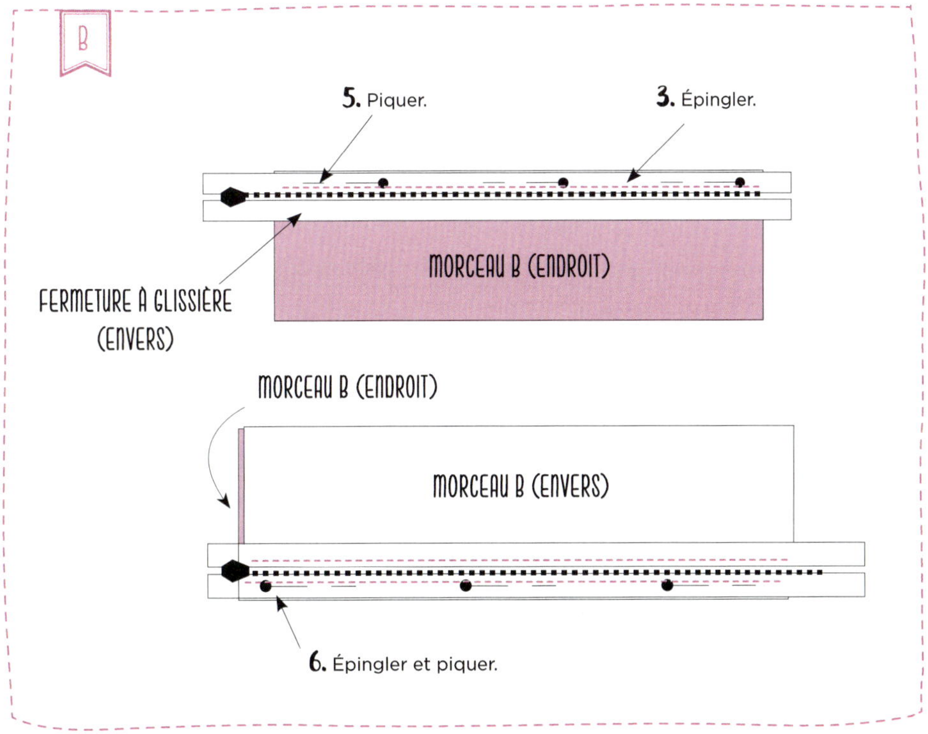

B

5. Piquer.   **3.** Épingler.

MORCEAU B (ENDROIT)

FERMETURE À GLISSIÈRE
(ENVERS)

MORCEAU B (ENDROIT)

MORCEAU B (ENVERS)

6. Épingler et piquer.

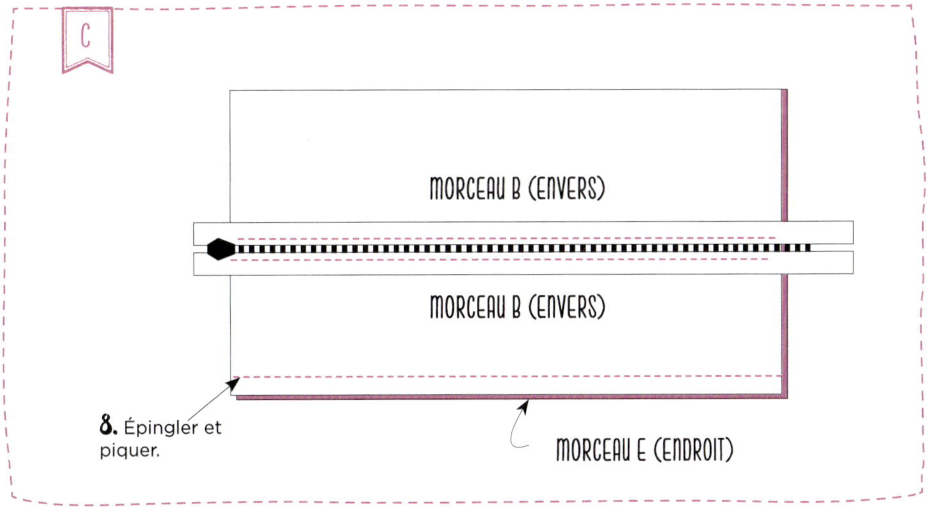

C

MORCEAU B (ENVERS)

MORCEAU B (ENVERS)

8. Épingler et
piquer.

MORCEAU E (ENDROIT)

La trousse
DE COUTURE
(suite)

MORCEAU C (ENVERS)

10. Repasser.

🪡 RÉALISATION *(SUITE)*

D› POSE DU PORTE-ÉPINGLES

9. Préparer le porte-épingles. Pour cela, repasser un rentré de 1 cm de part et d'autre de la bande C.

10. Appliquer l'envers de la bande C sur l'endroit du morceau E.

11. Surpiquer à 2 mm la bande C, de part et d'autre.

12. Glisser le rembourrage dans le porte-épingle.

E› POSE DE LA BOUTONNIÈRE

13. Préparer la boutonnière, (morceau D). Pour cela, repasser un rentré de 1 cm de part et d'autre de la bande.

14. Replier la bande en deux et surpiquer à 2 mm du bord.

15. Former la boutonnière comme sur le schéma.

16. Piquer la boutonnière sur le haut de la trousse.

F› ASSEMBLAGE DE LA TROUSSE

17. Ouvrir la fermeture à glissière d'une dizaine de centimètres.

18. Épingler la partie extérieure (morceau A) de la trousse sur la partie intérieure, endroit contre endroit.

19. Piquer à 1 cm tout autour de la trousse.

20. Retourner la trousse en passant par l'ouverture de la fermeture à glissière.

21. Surpiquer le long des extrémités des parties haute et basse de la trousse et tout autour de la trousse.

22. Plier la trousse en trois et coudre le bouton au niveau où tombe la boutonnière.

D

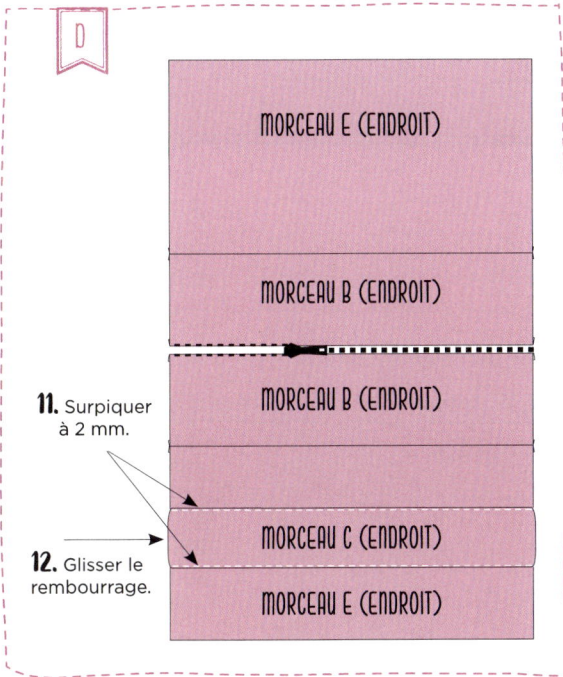

MORCEAU E (ENDROIT)

MORCEAU B (ENDROIT)

MORCEAU B (ENDROIT)

11. Surpiquer à 2 mm.

MORCEAU C (ENDROIT)

12. Glisser le rembourrage.

MORCEAU E (ENDROIT)

E

MORCEAU D (ENVERS)

13. Repasser.

MORCEAU D (ENDROIT)

14. Surpiquer à 2 mm.

15. Former la boutonnière.

16. Piquer la boutonnière sur la trousse.

F

INTÉRIEUR (ENVERS)

17. Ouvrir la fermeture.

19. Piquer.

EXTÉRIEUR (ENDROIT)

21. Surpiquer.

22. Coudre le bouton.

EXTÉRIEUR (ENDROIT)

ATELIER MACHINE À COUDRE

DANS *ma* CHAMBRE

3

→ La boîte à ←
MOUCHOIRS

4

Le coussin
→ **NUAGE** ←

3

La boîte à
MOUCHOIRS

Plan de coupe, échelle 1/8

MATÉRIEL

→ 100 cm de coton par 41 cm
→ 2 boutons de 22 mm
→ Du fil et une aiguille
→ Une machine à coudre

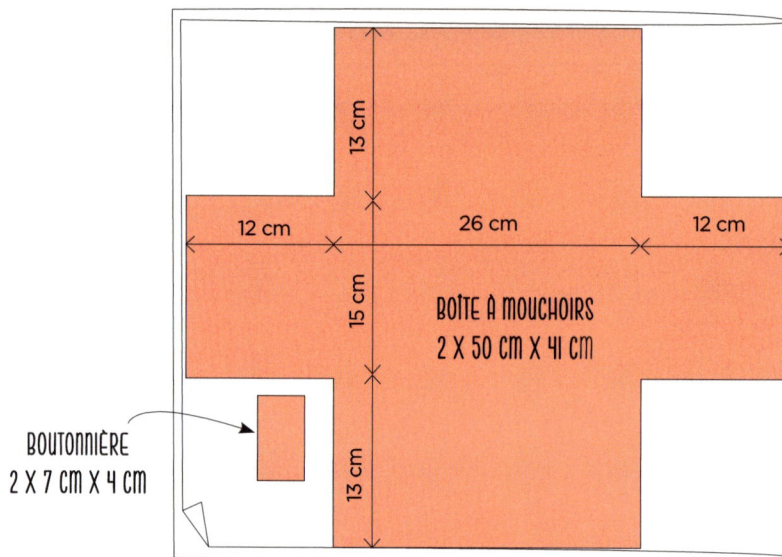

13 cm

12 cm 26 cm 12 cm

15 cm

**BOÎTE À MOUCHOIRS
2 X 50 CM X 41 CM**

BOUTONNIÈRE
2 X 7 CM X 4 CM

13 cm

RÉALISATION

A› COUPE

1. Plier en deux un rectangle de tissu de 100 cm par 41 cm. Dans ce rectangle, couper les morceaux comme indiqué sur le schéma ci-dessus.

B› POSE DES BOUTONNIÈRES

2. Préparer les boutonnières. Pour cela, repasser un rentré de 1 cm de part et d'autre des bandes.

3. Replier celles-ci en deux et surpiquer à 2 mm.

4. Former les boutonnières comme sur le schéma.

5. Piquer les boutonnières sur le haut d'une des faces de la boîte à mouchoirs à 5 cm des bords.

C› ASSEMBLAGE DES FACES DE LA BOÎTE

6. Superposer les deux faces de la boîte à mouchoirs, endroit contre endroit.

7. Piquer à 1 cm, tout autour de la boîte, en laissant une ouverture de 5 cm environ pour pouvoir retourner.

8. Cranter les angles comme sur le schéma.

D› FERMETURE DES ARÊTES DE LA BOÎTE, POSE DES BOUTONS

9. Retourner la boîte par l'ouverture.

10. Fermer l'ouverture avec quelques points.

11. Assembler les arêtes de la boîte en les cousant à la main sur 5 cm environ.

12. Mettre l'enveloppe sur une boîte à mouchoirs et coudre les boutons au niveau où tombent les boutonnières.

B

2. Repasser.

BOUTONNIÈRE
(ENVERS)

BOUTONNIÈRE
(ENDROIT)

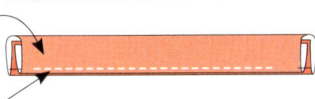

3. Surpiquer à 2 mm.

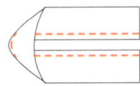

4. Former la boutonnière.

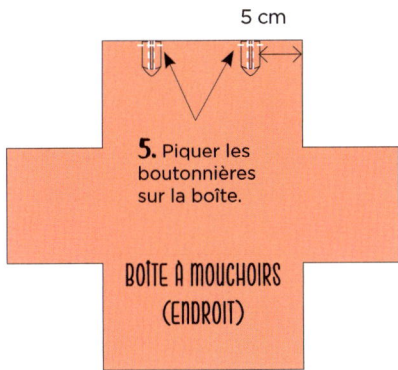

5 cm

5. Piquer les boutonnières sur la boîte.

BOÎTE À MOUCHOIRS
(ENDROIT)

C

8. Cranter les angles.

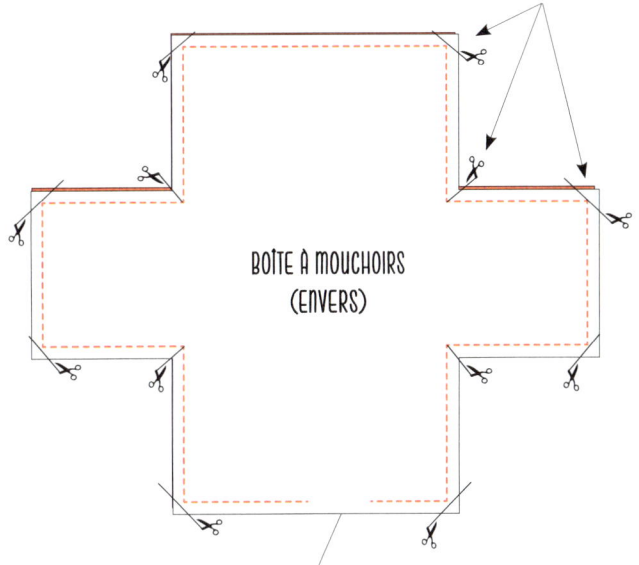

BOÎTE À MOUCHOIRS
(ENVERS)

7. Piquer en laissant une ouverture.

D

BOÎTE À MOUCHOIRS
(ENDROIT)

12. Coudre les boutons.

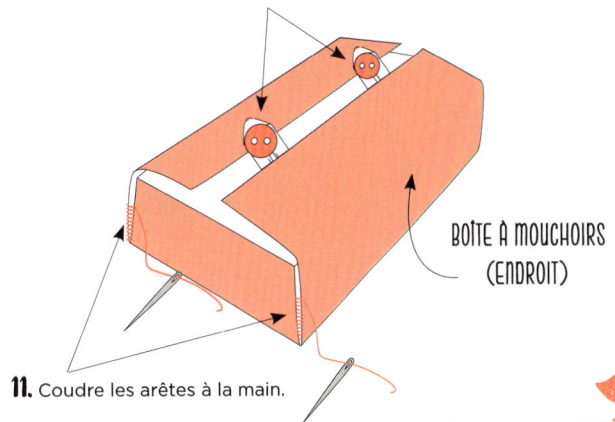

BOÎTE À MOUCHOIRS
(ENDROIT)

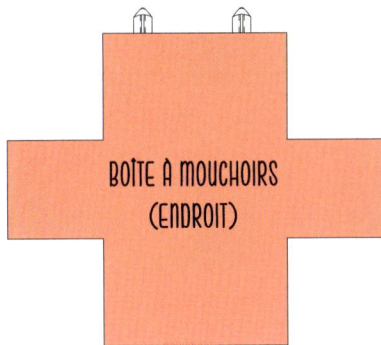

10. Coudre à la main.

11. Coudre les arêtes à la main.

Le coussin
NUAGE

Plan de coupe, échelle 1/8

MATÉRIEL

→ 104 cm par 35 cm de coton
→ Du rembourrage
→ Du fil et une aiguille
→ Une machine à coudre

LE PLAN DE COUPE

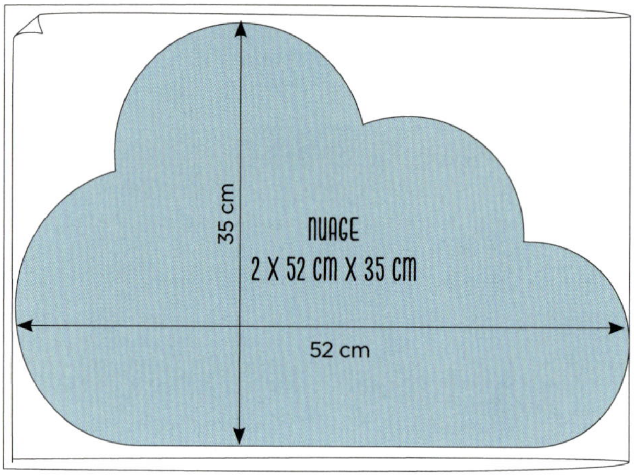

NUAGE
2 X 52 CM X 35 CM

35 cm

52 cm

RÉALISATION

A› COUPE

1. Plier un rectangle de tissu de 104 cm par 35 cm en deux. Dans ce rectangle, couper deux nuages en s'inspirant du dessin ci-dessus.

B› ASSEMBLAGE

2. Épingler les deux nuages, endroit contre endroit.

3. Piquer à 1 cm tout autour en laissant une ouverture de 10 cm à la base du nuage.

4. Cranter les angles du nuage.

5. Retourner le nuage par le trou.

C› FINITIONS

6. Le remplir de rembourrage.

7. Refermer l'ouverture à la main avec quelques points.

4. Cranter les angles.

COUSSIN
(ENVERS)

3. Piquer en laissant une ouverture.

COUSSIN
(ENDROIT)

1. Coudre à la main.

5

L'organiseur
MURAL

Le panier
DE RANGEMENT

L'organiseur MURAL

Plan de coupe, échelle 1/8

MATÉRIEL

→ 116 cm par 90 cm de tissu
→ Du fil et une aiguille
→ Une machine à coudre

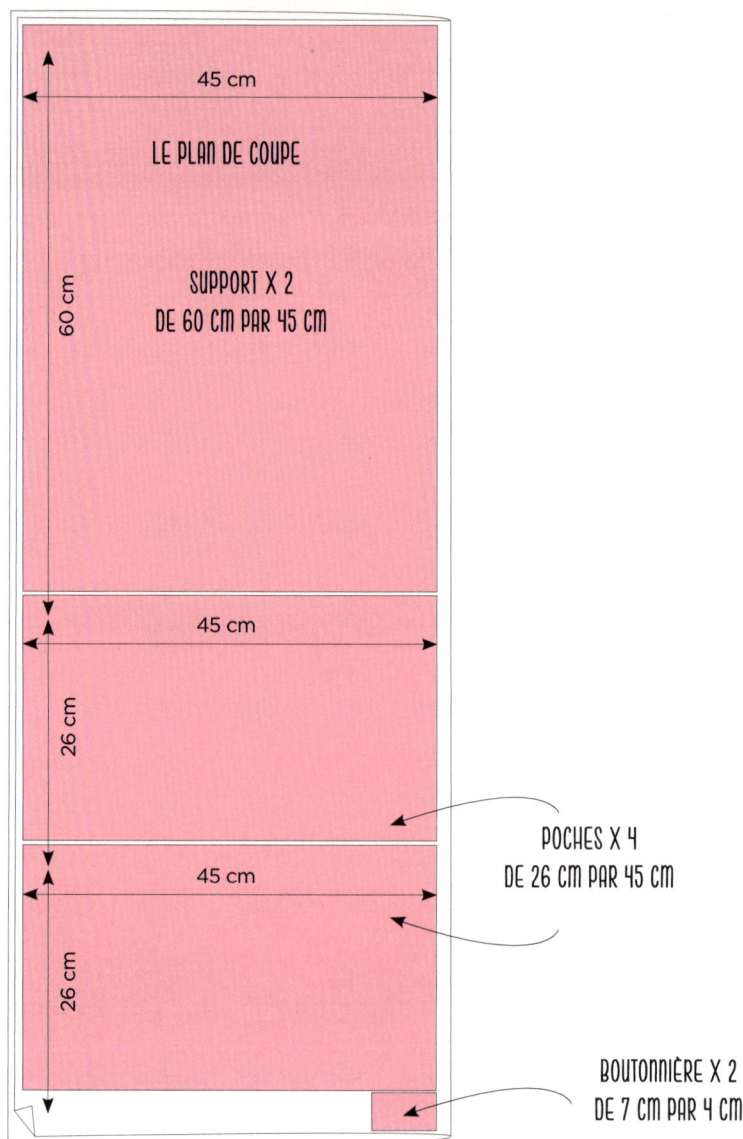

LE PLAN DE COUPE

45 cm

60 cm

SUPPORT X 2
DE 60 CM PAR 45 CM

45 cm

26 cm

45 cm

26 cm

POCHES X 4
DE 26 CM PAR 45 CM

BOUTONNIÈRE X 2
DE 7 CM PAR 4 CM

RÉALISATION

A> COUPE

1. Couper :
- 2 rectangles de 45 cm par 60 cm
- 4 rectangles de 45 cm par 26 cm
- 2 rectangles de 7 cm par 4 cm

B> POSE DES POCHES

2. Plier les 4 rectangles de 26 cm de large, envers contre envers.

3. Surfiler la longueur.

4. Sur un des supports, sur l'endroit, tracer une ligne horizontale à 13 cm, une autre à 24 cm et une dernière à 35 cm.

5. Positionner 3 poches sur les traits. Piquer les poches sur le support, endroit contre endroit à 1 cm.

6. Rabattre les poches vers le haut pour cacher les coutures.

7. Piquer la quatrième poche sur le bas du support.

8. Surpiquer des verticales en suivant les mesures indiquées sur le schéma.

3. Surfiler.

POCHES (ENDROIT)

BOUTONNIÈRE
2 X 7 cm X 4 cm

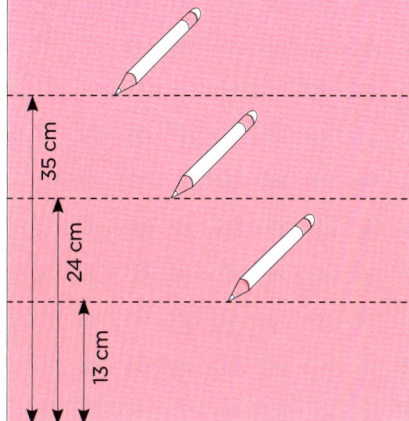

SUPPORT (ENDROIT)

4. Tracer.

35 cm

24 cm

13 cm

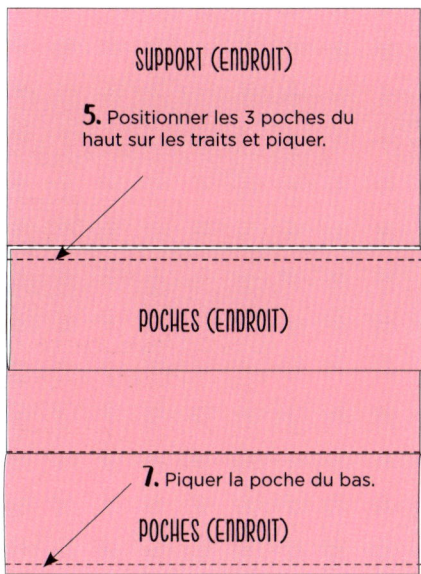

SUPPORT (ENDROIT)

5. Positionner les 3 poches du haut sur les traits et piquer.

POCHES (ENDROIT)

7. Piquer la poche du bas.

POCHES (ENDROIT)

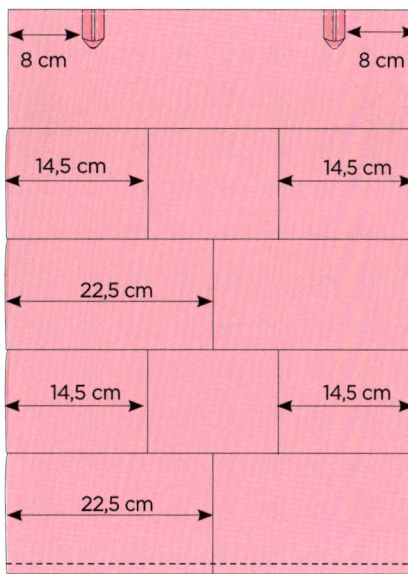

8 cm   8 cm

14,5 cm   14,5 cm

22,5 cm

14,5 cm   14,5 cm

22,5 cm

L'organiseur
MURAL
(suite)

🪡 RÉALISATION (SUITE)

C› POSE DES BOUTONNIÈRES

9. Préparer les boutonnières. Pour cela, repasser un rentré de 1 cm de part et d'autre des bandes.

10. Replier la bande en deux et surpiquer à 2 mm.

11. Former les boutonnières comme sur le schéma.

12. Piquer les boutonnières sur le haut du support.

13. Superposer les deux supports, endroit contre endroit.

14. Piquer tout autour de l'organiseur en laissant une ouverture de 8 cm environ pour pouvoir retourner.

15. Retourner et surpiquer tout le tour de l'organiseur mural.

9. Repasser.

BOUTONNIÈRE (ENVERS)

BOUTONNIÈRE (ENDROIT)

10. Surpiquer à 2 mm.

11. Former la boutonnière.

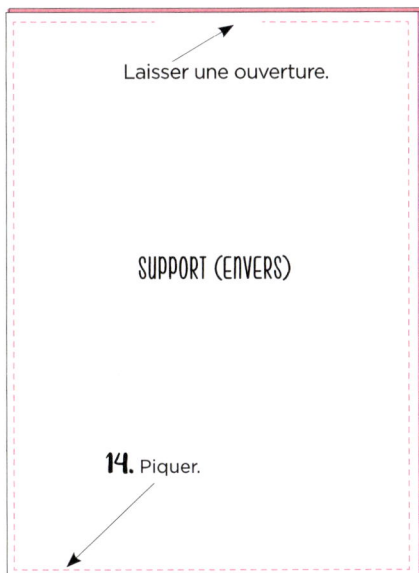

Laisser une ouverture.

SUPPORT (ENVERS)

14. Piquer.

15. Surpiquer.

Le panier
DE RANGEMENT

Plan de coupe, échelle 1/6

MATÉRIEL

→ 2 carrés de tissu de 45 cm par 45 cm
→ Une machine à coudre

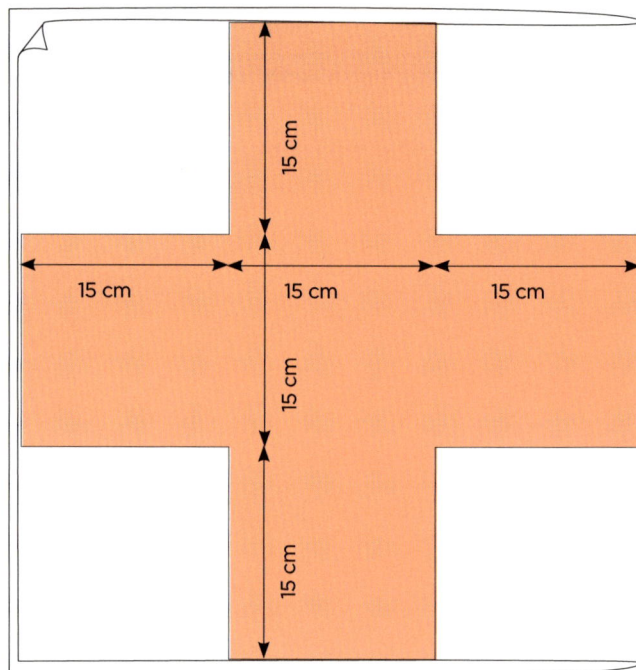

15 cm

15 cm   15 cm   15 cm

15 cm

15 cm

LE PLAN DE COUPE

RÉALISATION

A› COUPE

1. Couper deux croix, comme sur le schéma ci-dessus.

B› ASSEMBLAGE

2. Épingler et piquer à 1 cm les côtés de chaque croix, endroit contre endroit. S'aider des lettres du schéma.

3. Retourner un des cubes ainsi obtenu sur l'endroit.

4. Insérer les deux cubes, endroit contre endroit.

5. Piquer à 1 cm la partie haute du cube, laisser une ouverture de 7 cm environ pour pouvoir le retourner.

6. Retourner par l'ouverture et surpiquer tout autour de la partie haute à 2 mm.

D

D

A

A

RANGEMENT
(ENVERS)

C

C

B

B

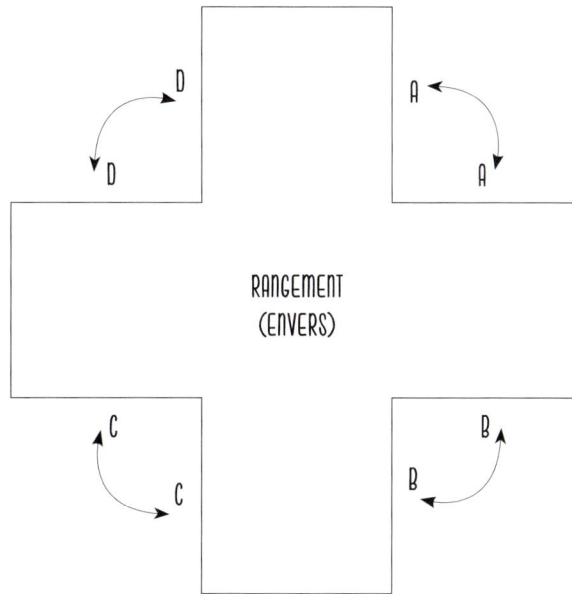

2. Épingler et piquer.

RANGEMENT
(ENVERS)

4. Insérer les
deux cubes l'un
dans l'autre.

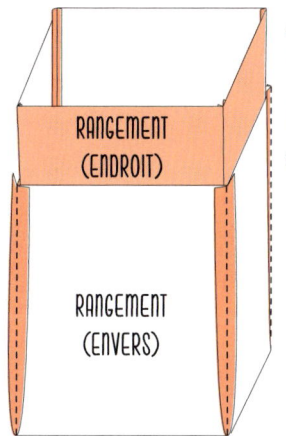

RANGEMENT
(ENDROIT)

RANGEMENT
(ENVERS)

5. Piquer.

RANGEMENT
(ENVERS)

6. Surpiquer.

ATELIER MACHINE À COUDRE

Mes SACS &
Accessoires

1

Le sac
POLOCHON

8

→ Le porte ←
MONNAIE

Le sac POLOCHON

7

Plan de coupe, échelle 1/8

MATÉRIEL

→ 90 cm par 70 cm de coton
→ Une fermeture à glissière de 40 cm minimum
→ Une épingle de nourrice
→ Une machine à coudre

62 cm

40 cm

SAC POLOCHON :
1 RECTANGLE DE
40 CM PAR 62 CM

ANSE :
X 4 RECTANGLES
DE 6 CM PAR 70 CM

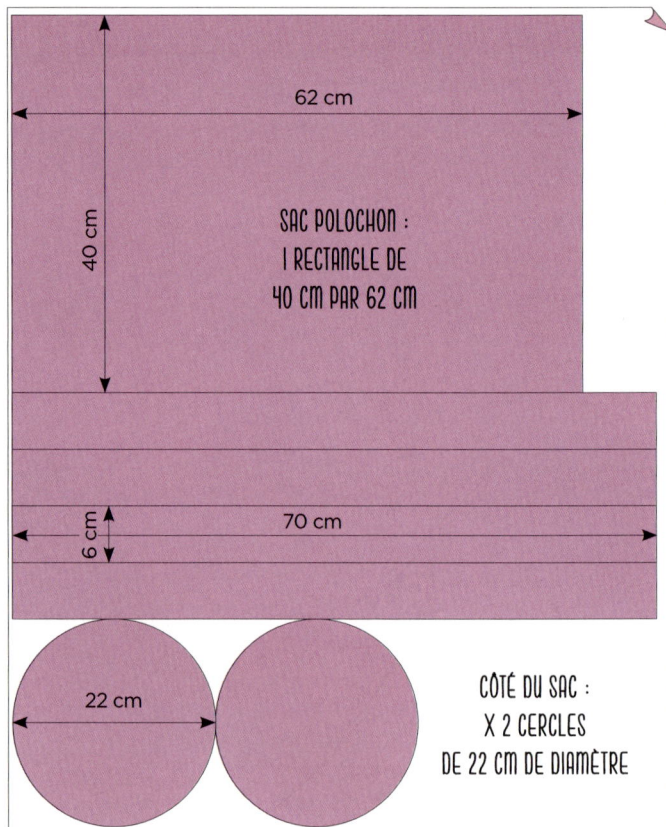

6 cm

70 cm

22 cm

CÔTÉ DU SAC :
X 2 CERCLES
DE 22 CM DE DIAMÈTRE

RÉALISATION

A› COUPE

1. Couper :
- 1 rectangle de 40 cm par 62 cm
- 2 cercles de 22 cm de diamètre
- 4 rectangles de 6 cm par 70 cm

B› POSE DE LA FERMETURE À GLISSIÈRE

2. Épingler la fermeture à glissière sur la largeur du grand rectangle, endroit contre endroit.

3. Fixer le pied spécial fermeture à glissière sur la machine.

4. Piquer au ras des dents de la fermeture à glissière.

5. Épingler et piquer, de la même manière, l'autre côté du rectangle sur l'autre côté de la fermeture à glissière, endroit contre endroit. Ouvrir la fermeture à glissière.

C› PRÉPARATION DES CÔTÉS DU SAC

6. Piquer un double fil de fronces sur les bords des cercles. Pour cela, allonger la longueur de point de la machine au maximum et piquer à 8 mm du bord des cercles.

7. Retirer le tissu de la machine. Tirer délicatement sur le fil de canette, le fil de dessous.

8. Répartir les fronces régulièrement.

2. Épingler. **4.** Piquer.

FERMETURE À GLISSIÈRE
(ENVERS)

SAC POLOCHON (ENDROIT)

SAC POLOCHON (ENVERS)

5. Épingler et piquer.

8. Répartir les fronces.

6. Passer un fil de fronces.

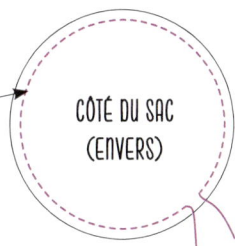

CÔTÉ DU SAC
(ENVERS)

CÔTÉ DU SAC
(ENVERS)

Le sac polochon
(suite)

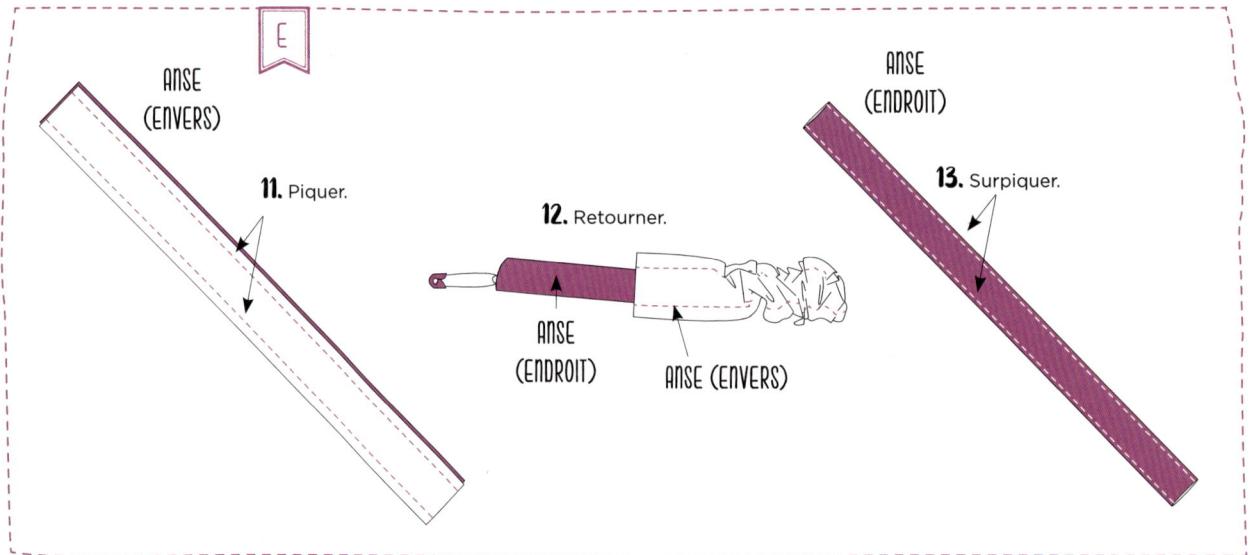

D

10. Piquer autour du cercle.

CÔTÉ DU SAC
(ENVERS)

SAC POLOCHON
(ENVERS)

E

ANSE
(ENVERS)

11. Piquer.

12. Retourner.

ANSE
(ENDROIT)

ANSE (ENVERS)

ANSE
(ENDROIT)

13. Surpiquer.

RÉALISATION (SUITE)

D› POSE DES CÔTÉS DU SAC

9. Laisser la fermeture à glissière ouverte.

10. Piquer à 1 cm les côtés du sac sur le sac polochon, endroit contre endroit.

E› PRÉPARATION DES ANSES

11. Piquer à 1 cm les longueurs des anses, endroit contre endroit.

12. À l'aide d'une épingle de nourrice, retourner les anses sur l'endroit.

13. Surpiquer les longueurs à 2 mm.

F› POSE DES ANSES

14. Positionner les anses à 8 cm des côtés du sac et à 12 cm de la fermeture à glissière.

15. Faire un rentré de 1 cm à leurs extrémités et les fixer au sac en faisant une croix comme sur le schéma.

ANSE (ENDROIT)

SAC POLOCHON (ENDROIT)

ZOOM

ANSE
(ENDROIT)

12 cm

8 cm

SAC POLOCHON
(ENDROIT)

15. Fixer les anses.

1

4   2

3

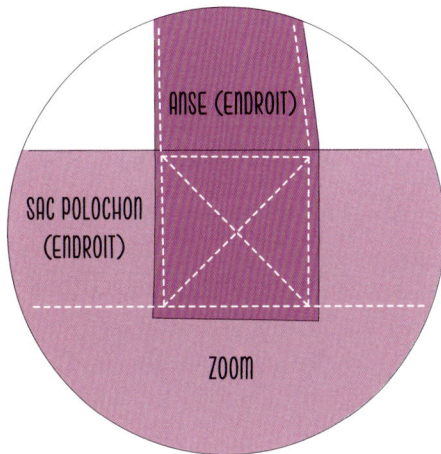

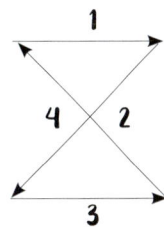

15. Piquer en suivant les flèches.

8

Le porte-
MONNAIE

Plan de coupe, échelle 1/8

MATÉRIEL

→ 17 cm par 20 cm de coton
→ Une fermeture à glissière
  de 17 cm minimum
→ Une machine à coudre

LE PLAN DE COUPE

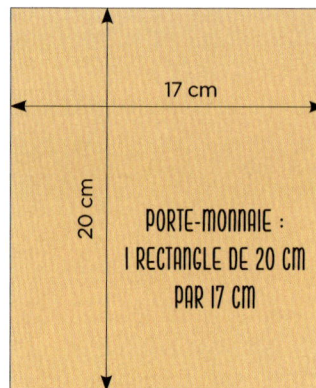

17 cm

20 cm

PORTE-MONNAIE :
1 RECTANGLE DE 20 CM
PAR 17 CM

RÉALISATION

A› COUPE

1. Couper un rectangle de 17 cm par 20 cm dans du coton.

B› POSE DE LA FERMETURE À GLISSIÈRE

2. Épingler la fermeture à glissière sur un des bords de 17 cm, endroit contre endroit.

3. Fixer le pied spécial fermeture à glissière sur la machine.

4. Piquer au ras des dents de la fermeture à glissière.

5. Épingler et piquer, de la même manière, l'autre côté du porte-monnaie sur l'autre côté de la fermeture à glissière, endroit contre endroit.

C› RÉALISATION DES CÔTÉS DE LA TROUSSE

6. Ouvrir la fermeture à glissière à moitié.

7. Replier le porte-monnaie, endroit contre endroit, en plaçant la fermeture à glissière à 3 cm environ du haut du rectangle.

8. Piquer les côtés du porte-monnaie à 1 cm.

9. Couper l'excédent de fermeture à glissière.

10. Retourner le porte-monnaie sur l'endroit par l'ouverture de la fermeture à glissière.

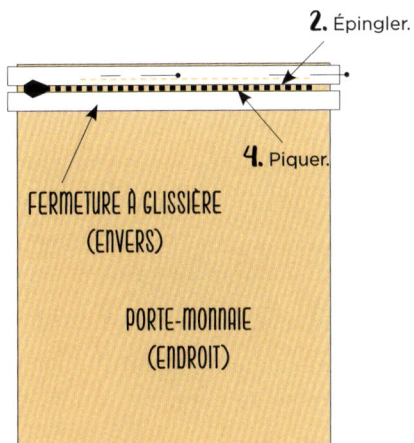

B

2. Épingler.

FERMETURE À GLISSIÈRE
(ENVERS)

4. Piquer.

PORTE-MONNAIE
(ENDROIT)

PORTE-MONNAIE
(ENVERS)

5. Épingler et piquer.

C

6. Ouvrir la fermeture à glissière.

3 cm

8. Piquer les côtés du
porte-monnaie.

9

→ *Le sac* ←
DE PRINCESSE

10
Le sac à dos

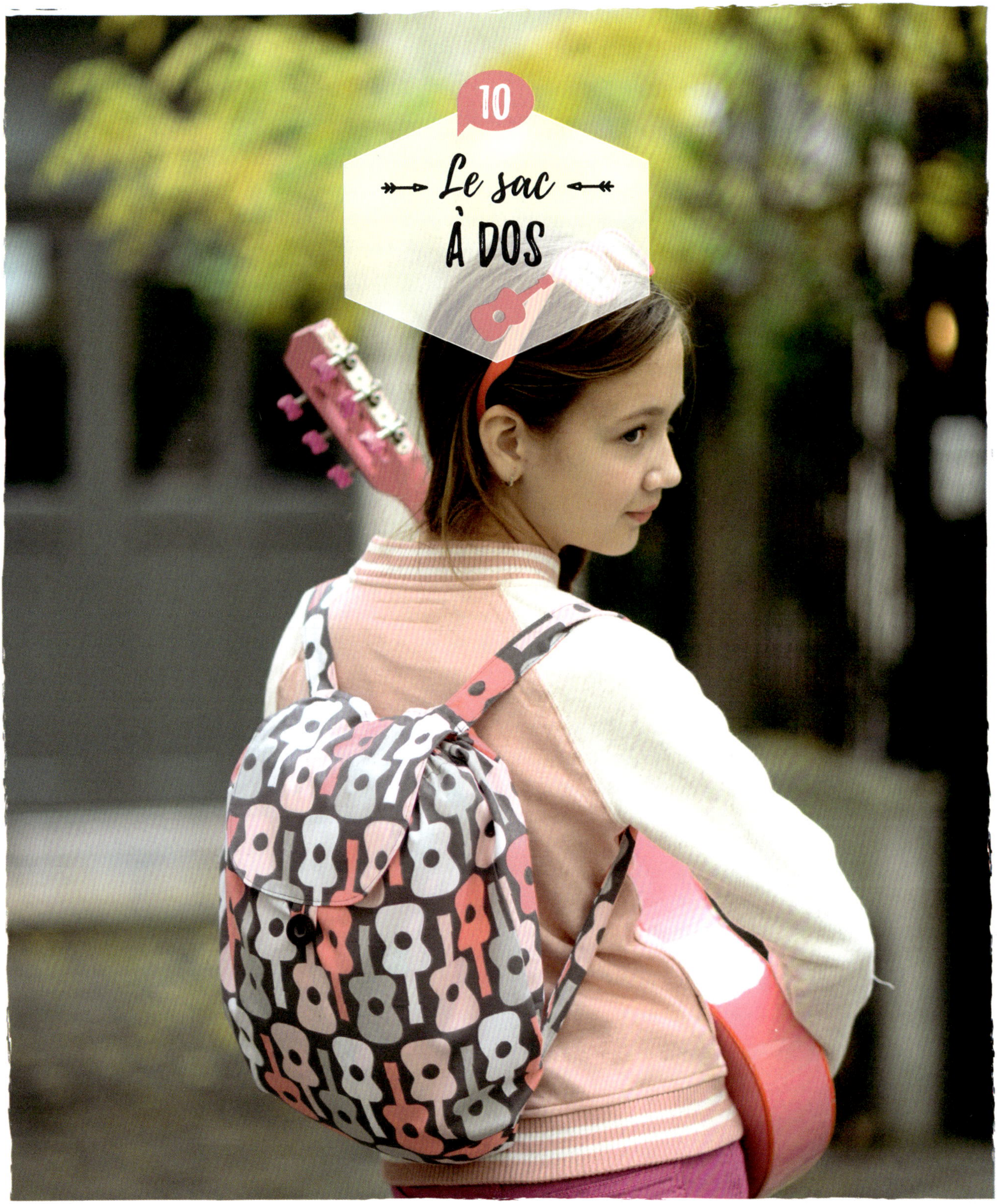

9

Le sac
DE PRINCESSE

Plan de coupe, échelle 1/8

MATÉRIEL

→ 64 cm par 77 cm de coton
→ Une épingle de nourrice
→ Une machine à coudre

LE PLAN DE COUPE

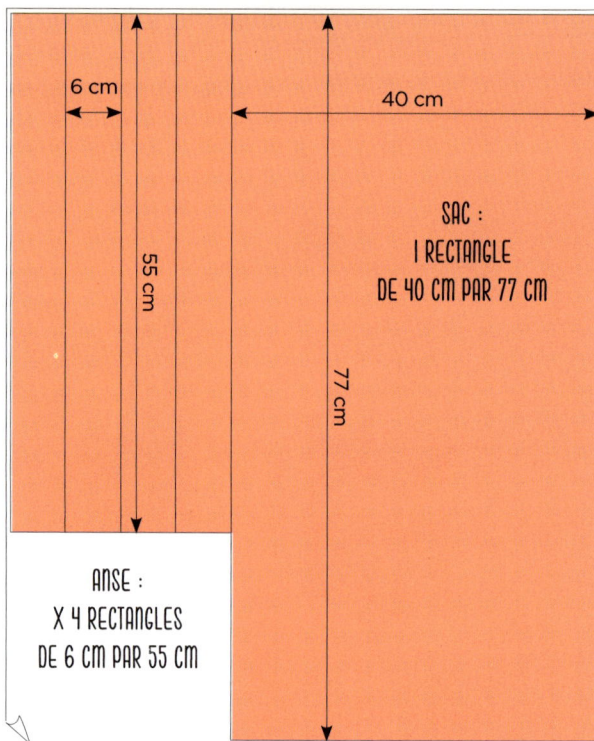

6 cm

40 cm

55 cm

77 cm

SAC :
1 RECTANGLE
DE 40 CM PAR 77 CM

ANSE :
X 4 RECTANGLES
DE 6 CM PAR 55 CM

RÉALISATION

A› COUPE

1. Couper :
- 1 rectangle de 40 cm par 77 cm de coton
- 4 rectangles de 6 cm par 55 cm

B› PRÉPARATION DU CORPS DU SAC

2. Plier le rectangle, endroit contre endroit, et piquer les côtés du sac à 1 cm.

3. Faire les ourlets du haut du sac. Pour cela, plier 1 cm puis 4 cm.

4. Surpiquer à 2 mm du bord de l'ourlet.

5. Dessiner un carré de 9 cm sur 9 cm à chaque angle et sur les deux faces du sac.

6. Ouvrir l'angle. Pour cela, positionner le côté du carré avec la couture sur le côté du carré sans couture. Suivre la flèche du schéma.

7. Piquer sur les traits.

SAC (ENVERS)

2. Piquer les côtés du sac.

3. Plier 1 cm, puis 4 cm.

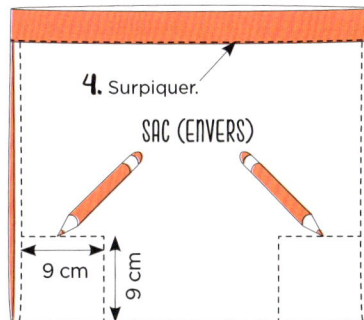

4. Surpiquer.

SAC (ENVERS)

9 cm

9 cm

5. Tracer des carrés.

ZOOM

3. Plier 1 cm, puis 4 cm.

4. Surpiquer.

SAC (ENVERS)

ZOOM

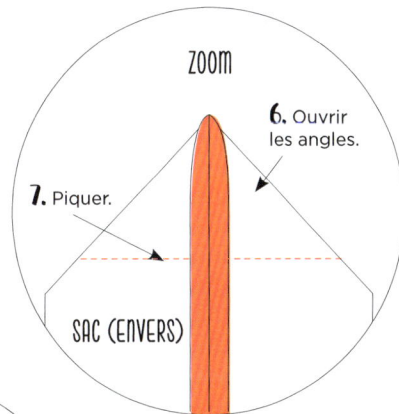

6. Ouvrir les angles.

7. Piquer.

SAC (ENVERS)

6. Ouvrir les angles.

Le sac de princesse
(suite)

C

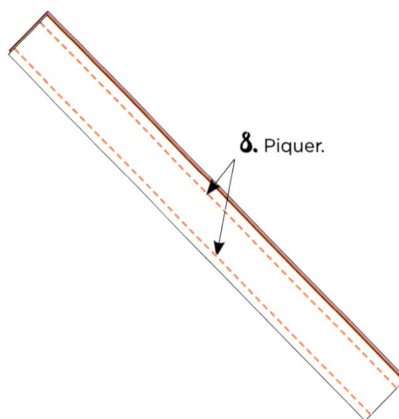

8. Piquer.

🧵 RÉALISATION *(SUITE)*

C › PRÉPARATION DES ANSES

8. Piquer à 1 cm les longueurs des anses, endroit contre endroit.

9. À l'aide d'une épingle de nourrice, retourner les anses sur l'endroit.

10. Surpiquer les longueurs à 2 mm.

D › POSE DES ANSES

11. Retourner le sac sur l'endroit. Positionner les anses à 8 cm des côtés du sac.

12. Faire un rentré à leurs extrémités de 1 cm et les fixer au sac en faisant une croix comme sur le schéma.

9. Retourner.

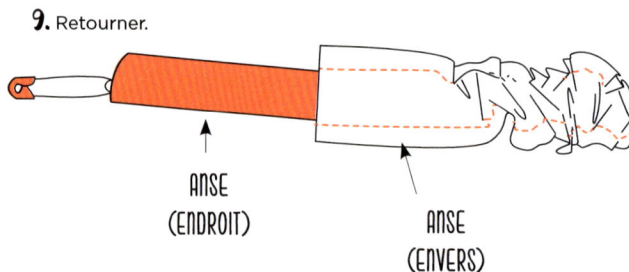

ANSE
(ENDROIT)

ANSE
(ENVERS)

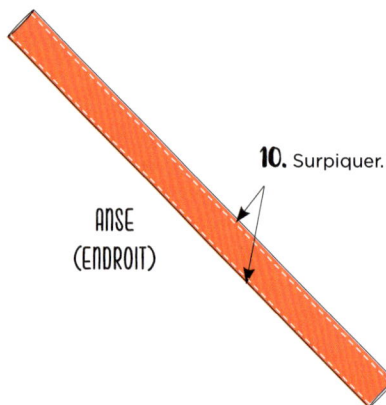

10. Surpiquer.

ANSE
(ENDROIT)

8 cm

11. Fixer les anses.

SAC (ENDROIT)

SAC (ENDROIT)

ANSE
(ENDROIT)

ZOOM

1

4   2

3

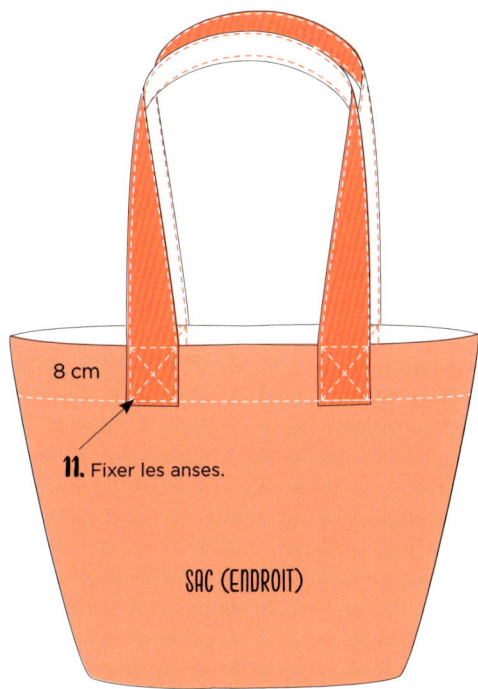

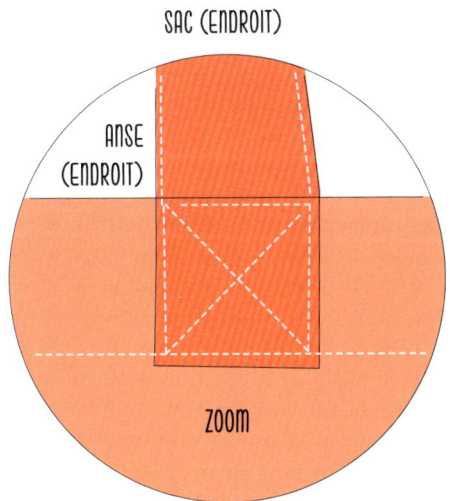

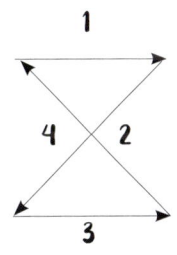

12. Piquer en suivant
les flèches.

Le sac À DOS

Plan de coupe, échelle 1/8

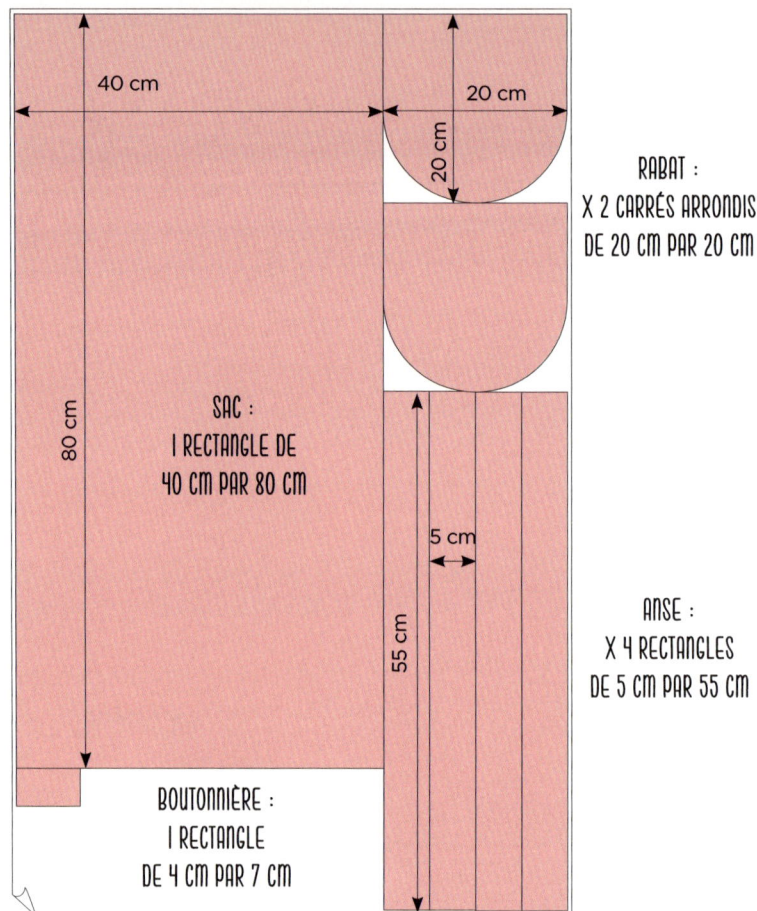

RABAT :
X 2 CARRÉS ARRONDIS
DE 20 CM PAR 20 CM

40 cm

20 cm

20 cm

80 cm

SAC :
1 RECTANGLE DE
40 CM PAR 80 CM

5 cm

55 cm

ANSE :
X 4 RECTANGLES
DE 5 CM PAR 55 CM

BOUTONNIÈRE :
1 RECTANGLE
DE 4 CM PAR 7 CM

MATÉRIEL

→ 60 cm par 95 cm de tissu
→ 40 cm d'élastique de 1 cm de large
→ Un bouton de 22 mm
→ Une épingle de nourrice
→ Une machine à coudre

RÉALISATION

A› COUPE

1. Couper dans le coton:
- 1 rectangle de 40 cm par 80 cm
- 4 rectangles de 5 cm par 55 cm
- 1 rectangle de 4 cm par 7 cm
- 2 carrés de 20 cm par 20 cm avec un sommet arrondi comme sur le schéma

B› PRÉPARATION DE LA BOUTONNIÈRE

2. Repasser un rentré de 1 cm de part et d'autre de la bande.

3. Replier la bande en deux et surpiquer à 2 mm.

4. Former la boutonnière comme sur le schéma.

5. Piquer la boutonnière, endroit contre endroit, sur le milieu d'un des rabats.

C› COUTURE DU RABAT

6. Piquer les deux rabats, endroit contre endroit, le long du bord arrondi.

7. Retourner le rabat sur l'endroit.

8. Surpiquer l'arrondi à 2 mm.

D› PRÉPARATION DES ANSES

9. Piquer à 1 cm les longueurs des anses, endroit contre endroit.

10. À l'aide d'une épingle de nourrice, retourner les anses sur l'endroit.

11. Surpiquer les longueurs à 2 mm.

E› POSE DES ANSES

12. Positionner et piquer les anses à 35 cm du haut du sac, endroit contre endroit.

BOUTONNIÈRE (ENVERS)

2. Repasser.

BOUTONNIÈRE (ENDROIT)

3. Surpiquer à 2 mm.

4. Former la boutonnière.

5. Piquer.

RABAT (ENDROIT)

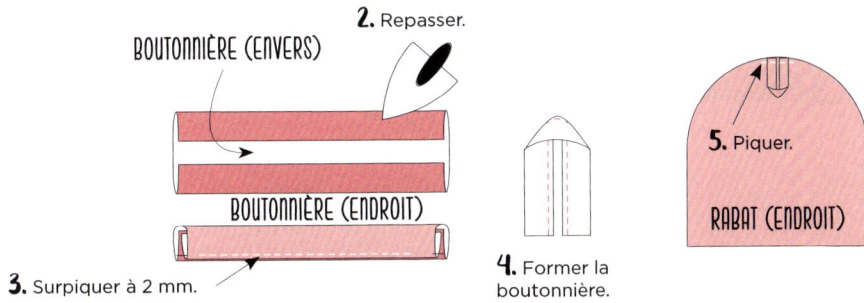

C

6. Piquer.

RABAT (ENVERS)

8. Surpiquer.

RABAT (ENDROIT)

D

ANSE (ENVERS)

9. Piquer.

ANSE (ENDROIT)

10. Retourner.

ANSE (ENVERS)

ANSE (ENDROIT)

11. Surpiquer.

E

35 cm

12. Piquer.

ANSES (ENDROIT)

SAC (ENDROIT)

Le sac à dos
(suite)

SAC (ENVERS)

13. Piquer.

SAC (ENVERS)

14. Faire l'ourlet et laisser une ouverture.

15. Tracer.

5 cm

RÉALISATION (SUITE)

F › COUTURE DU SAC

13. Piquer à 1 cm les côtés du sac, endroit contre endroit.

14. Sur le haut du sac, réaliser un ourlet. Pour cela, faire un double rentré de 2 cm sur 1 cm et surpiquer à 2 mm du bas de l'ourlet. Laisser une ouverture de 5 cm environ pour pouvoir passer l'élastique.

15. Dessiner un carré de 5 cm sur 5 cm à chaque angle et sur les deux faces du sac.

16. Ouvrir les angles. Pour cela, positionner le côté du carré avec la couture sur le côté du carré sans couture. Suivre la flèche du schéma.

17. Piquer sur les traits.

18. Positionner les anses sous le rabat du sac et piquer toutes les épaisseurs sous l'ourlet du haut du sac.

19. À l'aide de l'épingle de nourrice, insérer l'élastique dans l'ourlet.

20. Piquer les deux extrémités de l'élastique et fermer l'ouverture de l'ourlet.

21. Coudre le bouton sur le sac.

F

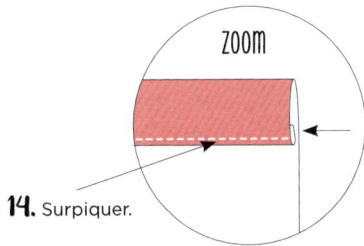

ZOOM

14. Plier 1 cm puis 2 cm.

14. Surpiquer.

SAC (ENVERS)

ZOOM

17. Piquer.

SAC (ENVERS)

16. Ouvrir les angles.

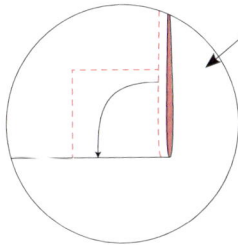

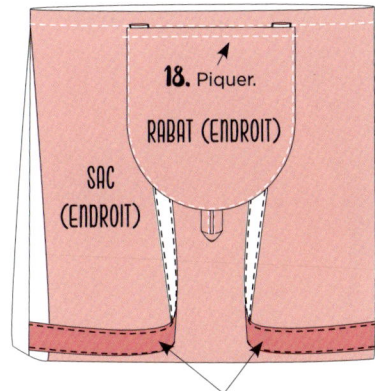

18. Piquer.

RABAT (ENDROIT)

SAC (ENDROIT)

ANSES (ENDROIT)

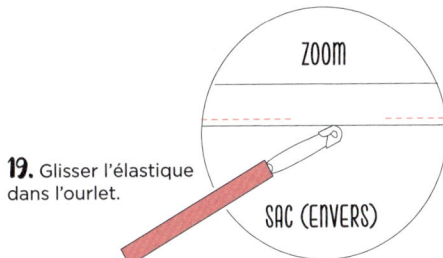

ZOOM

19. Glisser l'élastique dans l'ourlet.

SAC (ENVERS)

ÉLASTIQUE

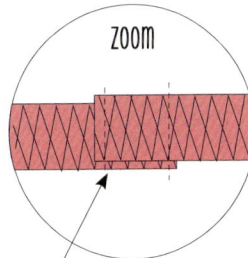

ZOOM

ÉLASTIQUE

20. Fermer l'élastique.

11

➤➤ *La* ◀◀
BESACE

★ ★

12

— Le porte —
ÉCOUTEURS

La BESACE

Plan de coupe, échelle 1/8

MATÉRIEL

➔ 80 cm par 72 cm de coton
➔ Une épingle de nourrice
➔ Une machine à coudre

FOND DE SAC X 2 :
DE 32 CM PAR 52 CM

32 cm

52 cm

6 cm

72 cm

ANSE X 2 :
DE 6 CM PAR 72 CM

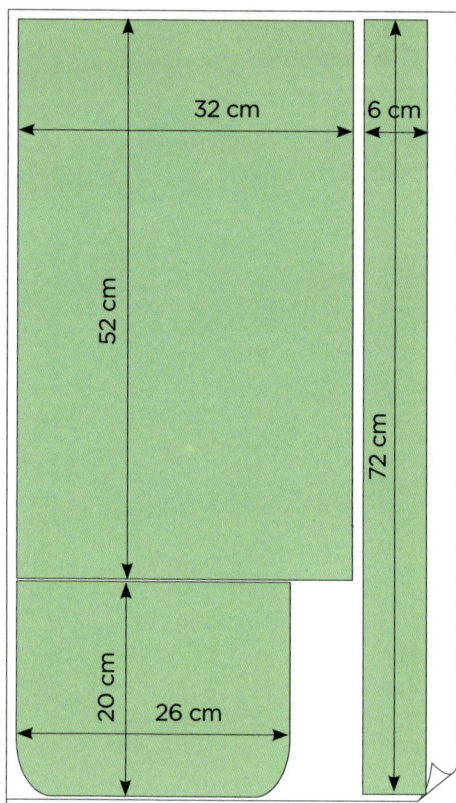

RABAT X 2 :
DE 26 CM PAR 20 CM

20 cm

26 cm

LE PLAN DE COUPE

RÉALISATION

A › COUPE

1. Dans un rectangle de 80 cm par 72 cm, couper :
- 2 rectangles de 32 cm par 52 cm
- 2 rectangles de 26 cm par 20 cm avec des angles arrondis
- 2 rectangles de 6 cm par 72 cm

B › PRÉPARATION DES FONDS DE SAC

2. Replier un fond de sac, endroit contre endroit.

3. Piquer les côtés du fond de sac à 1 cm.

4. Dessiner un carré de 3 cm sur 3 cm à chaque angle et sur les deux faces du sac.

5. Ouvrir les angles. Pour cela, positionner le côté du carré avec la couture sur le côté du carré sans couture. Suivre la flèche du schéma.

6. Piquer sur les traits.

7. Répéter les opérations de 1 à 6 avec le deuxième fond de sac.

8. Retourner un des fonds de sac sur l'endroit. Garder l'autre fond sur l'envers.

C › PRÉPARATION DU RABAT

9. Poser les deux rabats l'un contre l'autre, endroit contre endroit. Piquer les bords extérieurs à 1 cm.

10. Retourner le rabat sur l'endroit et surpiquer à 2 mm tout autour du rabat.

B

3. Piquer.

2. Plier.

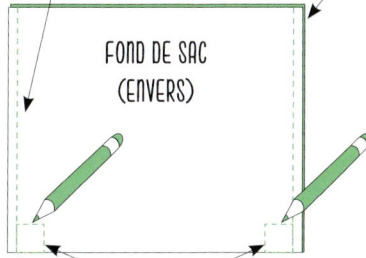

FOND DE SAC
(ENVERS)

4. Tracer.

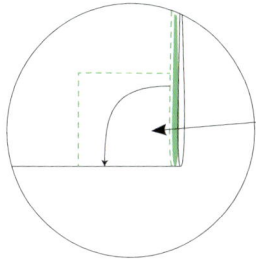

5. Ouvrir les angles.

ZOOM

6. Piquer.

FOND DE SAC
(ENVERS)

C

9. Piquer.

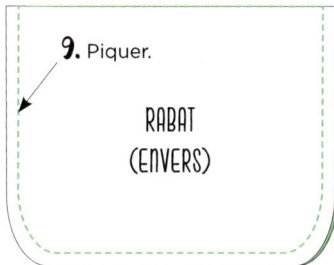

RABAT
(ENVERS)

10. Surpiquer.

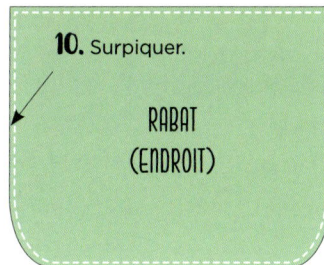

RABAT
(ENDROIT)

La besace
(suite)

D

11. Piquer.

ANSE
(ENVERS)

12. Retourner.

ANSE
(ENDROIT)

ANSE
(ENVERS)

13. Surpiquer.

🧵 RÉALISATION

D› PRÉPARATION DES ANSES

11. Piquer à 1 cm les longueurs de l'anse, endroit contre endroit.

12. À l'aide d'une épingle de nourrice, retourner l'anse sur l'endroit.

13. Surpiquer les longueurs à 2 mm.

E› ASSEMBLAGE DU SAC

14. Sur le fond de sac qui est à l'endroit, épingler et piquer le rabat et l'anse.

15. Glisser les fonds de sac l'un dans l'autre, endroit contre endroit.

16. Piquer à 1 cm le haut du sac en laissant une ouverture de 10 cm.

17. Retourner le sac par l'ouverture.

F› FINITIONS

18. Surpiquer le haut de la besace à 2 mm du bord.

19. Vous pouvez également surpiquer les arêtes de la besace à 2 mm.

E

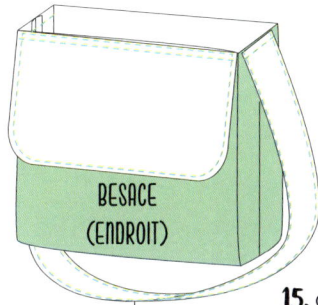

BESACE
(ENDROIT)

FOND DE SAC
(ENVERS)

15. Glisser les sacs l'un dans l'autre.

FOND DE SAC
(ENVERS)

16. Piquer en laissant une ouverture.

F

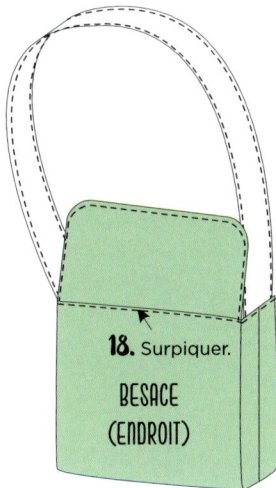

18. Surpiquer.

BESACE
(ENDROIT)

BESACE
(ENDROIT)

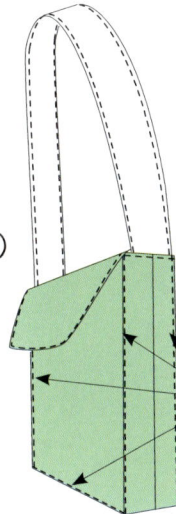

19. Surpiquer.

12

Le porte-ÉCOUTEURS

Plan de coupe, échelle 1/2

LE PLAN DE COUPE

PASSANT
DE 7 CM PAR 4 CM

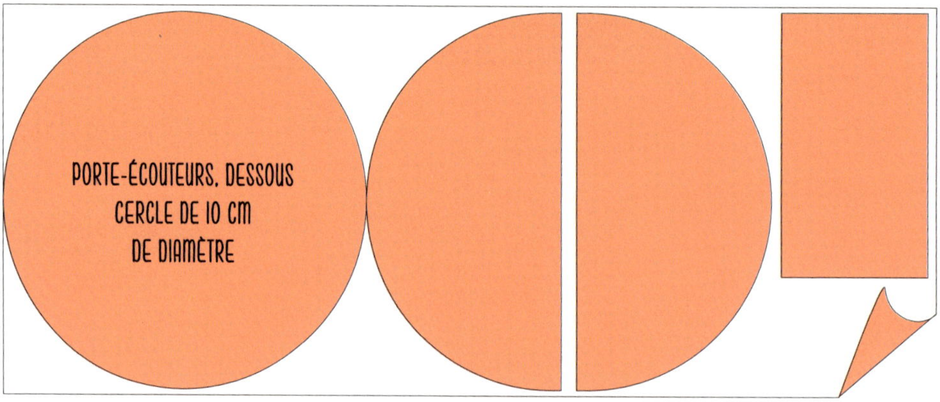

PORTE-ÉCOUTEURS, DESSOUS
CERCLE DE 10 CM
DE DIAMÈTRE

PORTE-ÉCOUTEURS DESSUS
2 DEMI-CERCLES DE 10 CM DE DIAMÈTRE
+ 0.5 CM POUR LA COUTURE DE LA FERMETURE À GLISSIÈRE

MATÉRIEL

→ 10 cm par 25 cm
de toile enduite
→ Une fermeture
à glissière
de 10 cm minimum
→ Une machine à coudre

RÉALISATION

A› PRÉPARATION

1. Photocopier les formes ci-dessus à 200 %.

2. Découper les formes en papier.

3. Tracer et découper les formes sur la toile enduite.

4. Plier et repasser un rentré de 1 cm de part et d'autre du passant.

5. Replier celui-ci en deux et surpiquer à 2 mm.

6. Piquer le passant sur le porte-écouteurs.

B› POSE DE LA FERMETURE À GLISSIÈRE

7. Épingler la fermeture à glissière sur un des bords des porte-écouteurs, endroit contre endroit.

8. Fixer le pied spécial fermeture à glissière sur la machine.

9. Piquer au ras des dents de la fermeture à glissière.

10. Épingler et piquer, de la même manière, l'autre côté des porte-écouteurs sur l'autre côté de la fermeture à glissière, endroit contre endroit.

C› ASSEMBLAGE

11. Ouvrir la fermeture à glissière à moitié.

12. Épingler le dessus et le dessous du porte-écouteurs endroit contre endroit et piquer à 1 cm sur tout le tour.

13. Couper l'excédent de fermeture à glissière.

14. Retourner le porte-écouteurs sur l'endroit.

A

PASSANT (ENVERS)

1. Repasser.

PASSANT (ENDROIT)

5. Surpiquer à 2 mm.

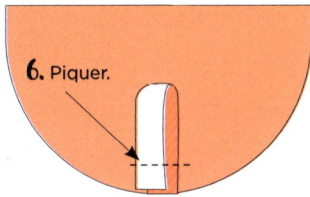

6. Piquer.

B

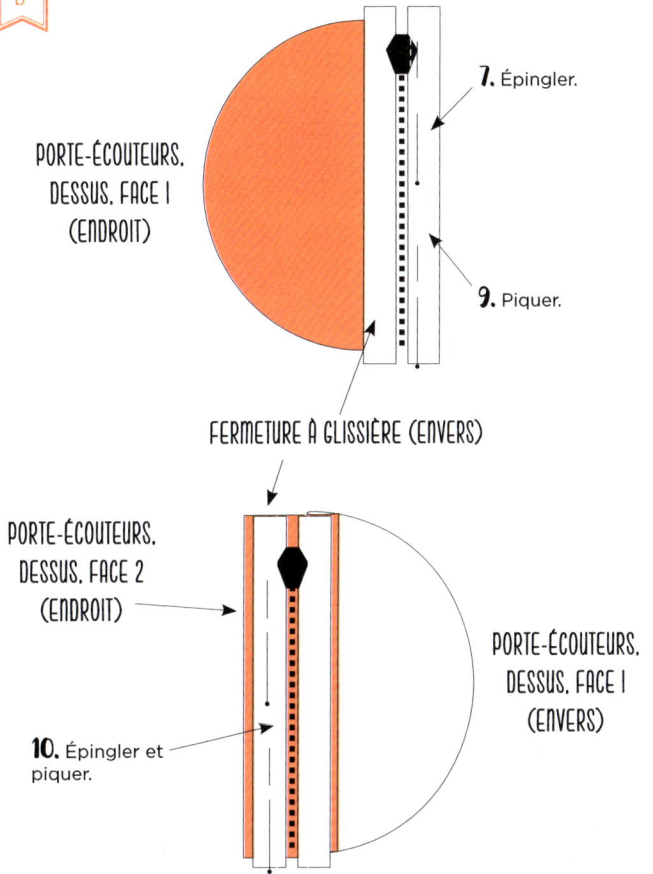

PORTE-ÉCOUTEURS, DESSUS, FACE 1 (ENDROIT)

7. Épingler.

9. Piquer.

FERMETURE À GLISSIÈRE (ENVERS)

PORTE-ÉCOUTEURS, DESSUS, FACE 2 (ENDROIT)

PORTE-ÉCOUTEURS, DESSUS, FACE 1 (ENVERS)

10. Épingler et piquer.

C

PORTE-ÉCOUTEURS, DESSOUS (ENDROIT)

PORTE-ÉCOUTEURS, DESSUS, FACE 2 (ENVERS)

11. Ouvrir.

PORTE-ÉCOUTEURS, DESSUS, FACE 1 (ENVERS)

12. Piquer.

Le sac
SHOPPING

14

Le porte
CLÉS
➤➤ ⟶ ◆ ⟵
🔑 🔑

Le sac SHOPPING

Plan de coupe, échelle 1/8

MATÉRIEL

→ 59 cm par 120 cm de coton
→ Une épingle de nourrice
→ Une machine à coudre

ANSE :
X 4 RECTANGLES
DE 6 CM PAR 60 CM

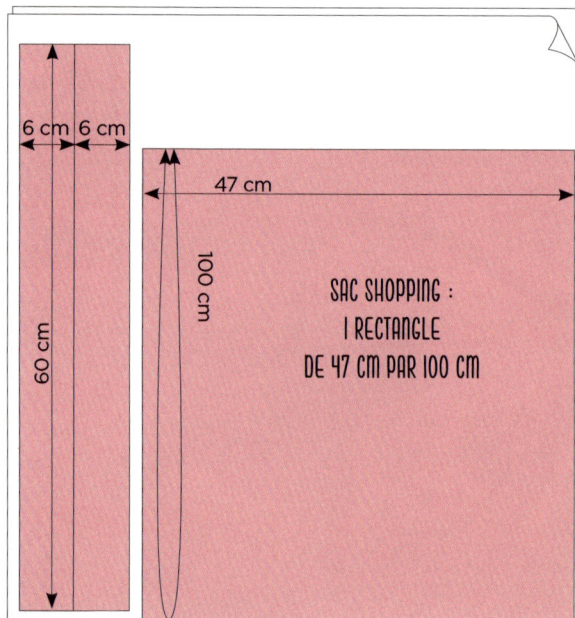

6 cm 6 cm

47 cm

100 cm

60 cm

SAC SHOPPING :
1 RECTANGLE
DE 47 CM PAR 100 CM

LE PLAN DE COUPE

RÉALISATION

A› COUPE

1. Plier le tissu endroit contre endroit et couper 1 rectangle de 100 cm par 47 cm pour le sac et 4 rectangles de 60 cm par 6 cm pour les anses, comme indiqué sur le plan de coupe ci-dessus.

B› PRÉPARATION DU CORPS DU SAC

2. Plier le sac, endroit contre endroit, et piquer les côtés du sac à 1 cm.

3. Faire les ourlets du haut du sac. Pour cela, plier 1 cm puis 4 cm.

4. Surpiquer à 2 mm du bord de l'ourlet.

5. Dessiner un carré de 5 cm sur 5 cm à chaque angle et sur les deux faces du sac.

6. Ouvrir les angles. Pour cela, positionner le côté du carré avec la couture sur le côté du carré sans couture. Suivre la flèche du schéma.

7. Piquer sur les traits.

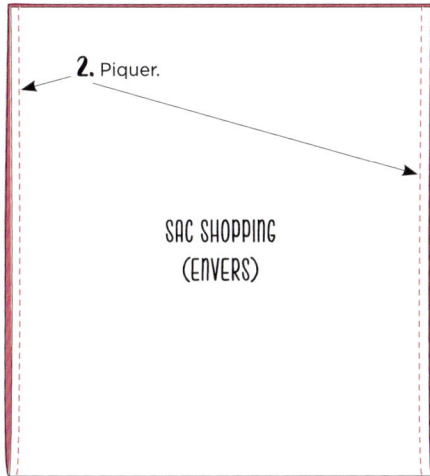

2. Piquer.

SAC SHOPPING
(ENVERS)

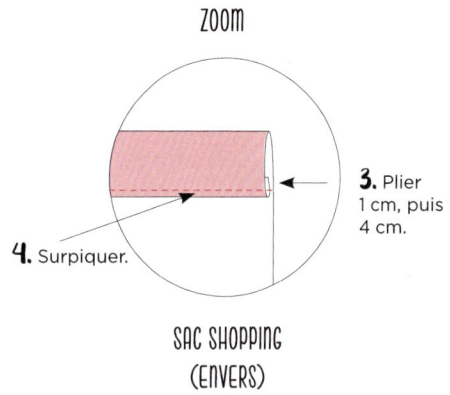

ZOOM

3. Plier
1 cm, puis
4 cm.

4. Surpiquer.

SAC SHOPPING
(ENVERS)

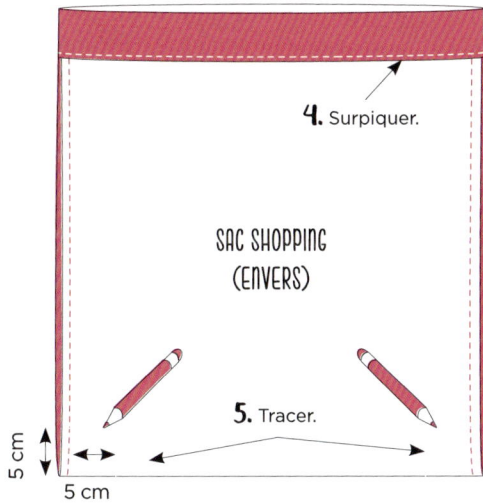

4. Surpiquer.

3. Plier 1 cm,
puis 4 cm.

SAC SHOPPING
(ENVERS)

5. Tracer.

5 cm

5 cm

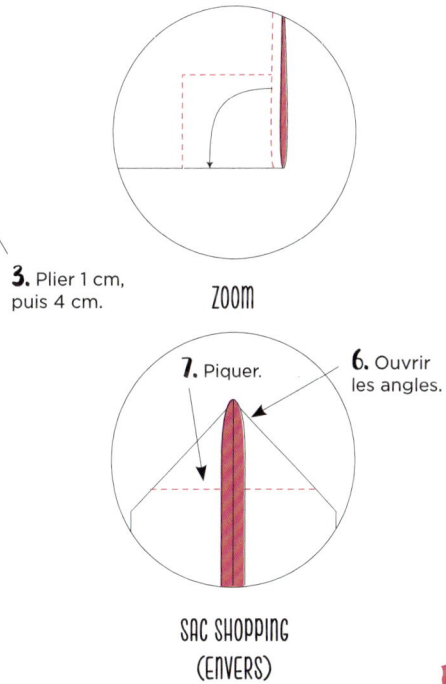

ZOOM

7. Piquer.

6. Ouvrir
les angles.

SAC SHOPPING
(ENVERS)

13

Le sac shopping
(suite)

B

9. Surpiquer.

SAC SHOPPING
(ENDROIT)

C

ANSE (ENVERS)

10. Piquer.

11. Retourner.

12. Surpiquer.

ANSE
(ENDROIT)

ANSE
(ENVERS)

ANSE (ENDROIT)

RÉALISATION *(SUITE)*

8. Retourner le sac sur l'endroit.

9. À 5 cm de la couture de côté du sac, tracer des droites verticales : ce sont les arêtes du sac. Les surpiquer à 2 mm.

C› PRÉPARATION DES ANSES

10. Piquer les longueurs des anses à 1 cm, endroit contre endroit.

11. À l'aide d'une épingle de nourrice, retourner les anses sur l'endroit.

12. Surpiquer les longueurs à 2 mm.

D› ASSEMBLAGE DU SAC

13. Positionner les anses sur le sac à 11 cm des côtés.

14. Faire un rentré de 1 cm aux extrémités des anses et les fixer au sac en faisant une croix comme sur le schéma.

ANSE
(ENDROIT)

12 cm

11 cm

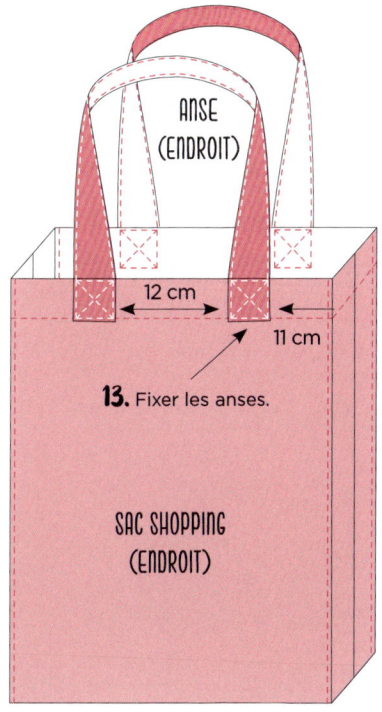

13. Fixer les anses.

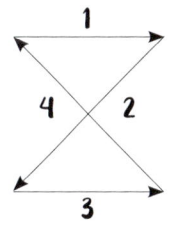

SAC SHOPPING
(ENDROIT)

SAC SHOPPING
(ENDROIT)

ANSE
(ENDROIT)

ZOOM

1

4   2

3

14. Piquer en suivant
les flèches.

14

Le porte CLÉS 🔑

Plan de coupe, échelle 1/2

MATÉRIEL

→ 2 carrés de tissu de 15 cm par 34 cm
→ Un anneau de porte-clés
→ Du rembourrage
→ Du fil et une aiguille
→ Une machine à coudre

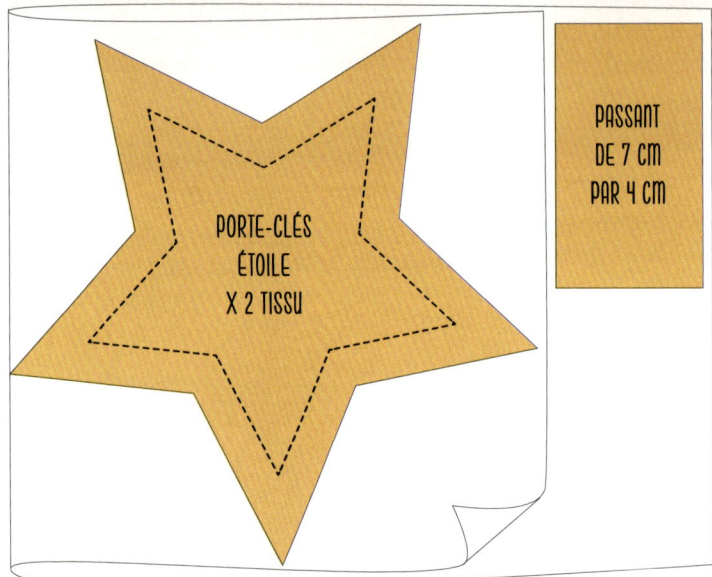

PORTE-CLÉS
ÉTOILE
X 2 TISSU

PASSANT
DE 7 CM
PAR 4 CM

PORTE-CLÉS CŒUR
X 2 TISSU

PASSANT
DE 7 CM
PAR 4 CM

LE PLAN DE COUPE

RÉALISATION

A› COUPE

1. Photocopier les formes ci-dessus à 200 %.

2. Découper les formes en papier sur le trait plein.

3. Tracer les formes sur le tissu.

4. Découper les formes en papier sur le trait en pointillés.

5. Tracer les pointillés sur l'envers du tissu : cela sera plus facile pour coudre à la machine.

B› MONTAGE

6. Repasser un rentré de 1 cm de part et d'autre du passant.

7. Replier celui-ci en deux et surpiquer à 2 mm.

8. Plier le passant en deux et le piquer sur le porte-clés.

9. Poser les deux épaisseurs du porte-clés, endroit contre endroit. Piquer sur les pointillés, en laissant une petite ouverture.

10. Cranter les angles.

11. Retourner le porte-clés sur l'endroit.

12. Remplir le porte-clés avec le rembourrage.

13. Fermer l'ouverture avec quelques points à la main.

PASSANT (ENVERS)

PASSANT (ENDROIT)

6. Repasser.

7. Surpiquer à 2 mm.

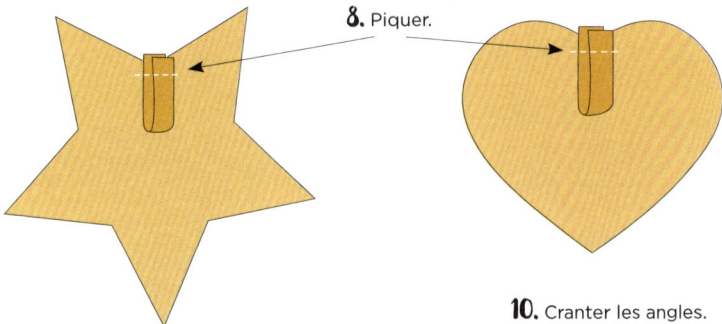

8. Piquer.

10. Cranter les angles.

9. Piquer.

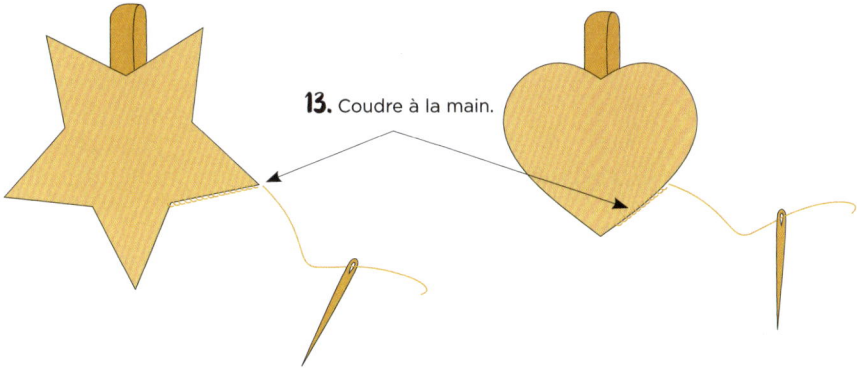

13. Coudre à la main.

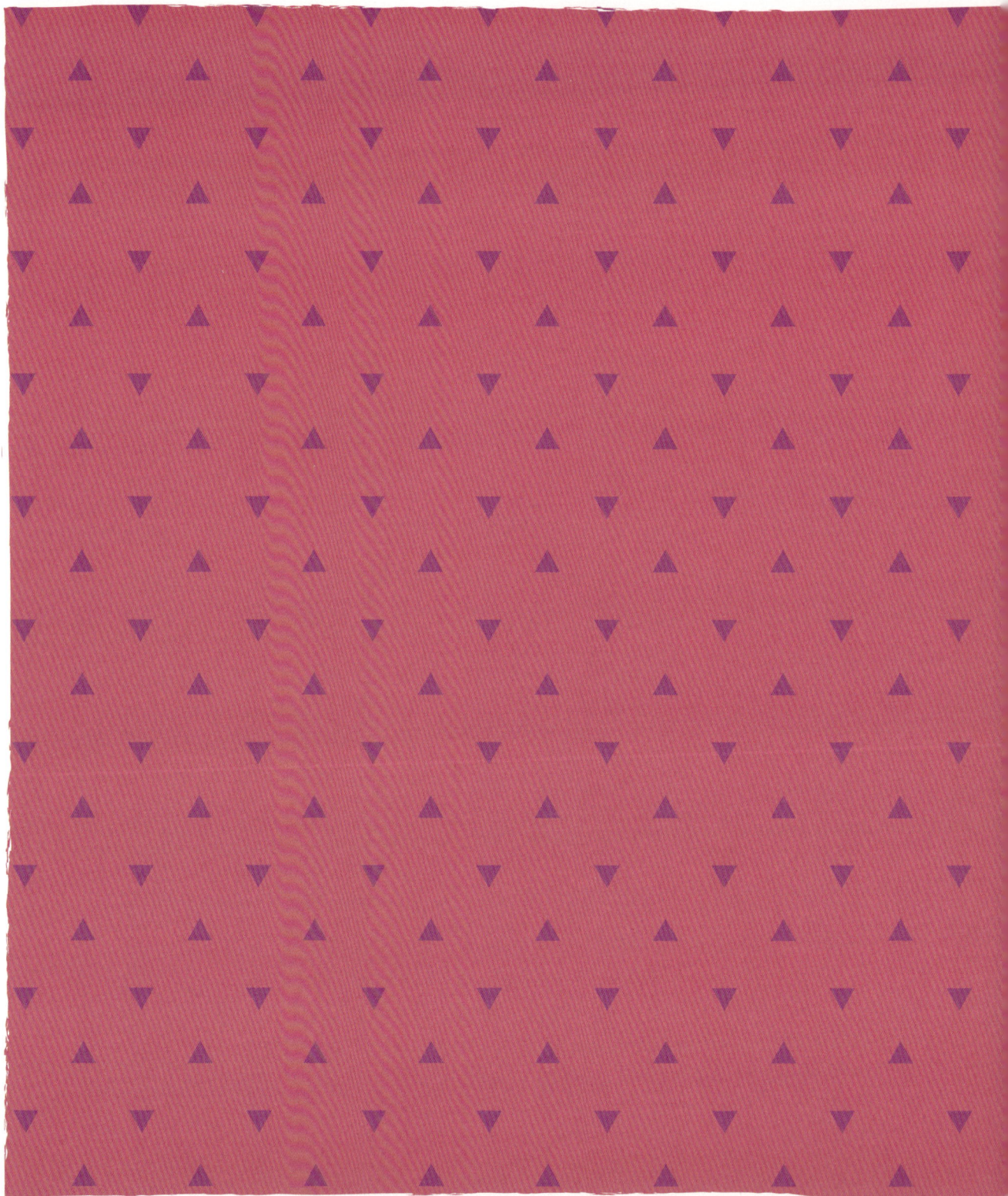

ATELIER MACHINE À COUDRE

MES VÊTEMENTS
& accessoires

15

La
JUPE

16

L'ÉCHARPE

★★★

La JUPE

Plan de coupe, échelle 1/8

MATÉRIEL

→ 41 cm par 105 cm en taille 120 cm
→ 47 cm par 110 cm en taille 130 cm
→ 53 cm par 115 cm en taille 140 cm
→ Un élastique de 2,5 cm de large
   et de la longueur du tour de taille
→ Une épingle de nourrice
→ Une machine à coudre

TAILLE 120 CM

41 cm

105 cm

TAILLE 130 CM

47 cm

110 cm

TAILLE 140 CM

53 cm

115 cm

LE PLAN DE COUPE

RÉALISATION

A› COUPE

1. Couper un rectangle de tissu en fonction de la taille choisie.

B› PRÉPARATION DE LA JUPE

2. Plier le tissu endroit contre endroit. Piquer la hauteur de la jupe, endroit contre endroit.

3. Faire un ourlet de 2 cm sur 1 cm au bas de la jupe.

4. Surpiquer le haut de l'ourlet à 2 mm.

5. Faire un ourlet de 3 cm sur 1 cm en haut de la jupe.

6. Surpiquer le haut de l'ourlet à 2 mm. Laisser une ouverture de 5 cm environ.

C› FINITIONS

7. À l'aide de l'épingle de nourrice, glisser l'élastique dans la ceinture.

8. Superposer les extrémités de l'élastique et piquer les deux épaisseurs.

9. Fermer l'ouverture laissée à la ceinture.

JUPE (ENVERS)

2. Piquer.

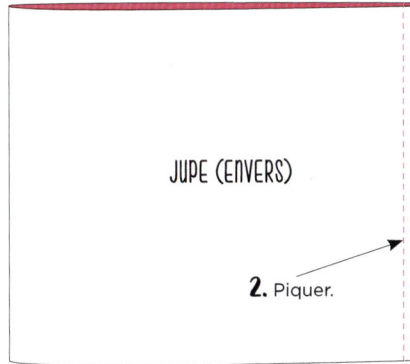

ZOOM
JUPE (ENVERS)

3. Plier 1 cm
puis 2 cm.

4. Surpiquer.

ZOOM
JUPE (ENVERS)

5. Plier 1 cm
puis 3 cm.

6. Surpiquer.

JUPE (ENVERS)

6. Laisser une ouverture.

4. Plier 1 cm
puis 3 cm.

7. Glisser
l'élastique.

3. Plier 1 cm
puis 2 cm.

ZOOM
ÉLASTIQUE

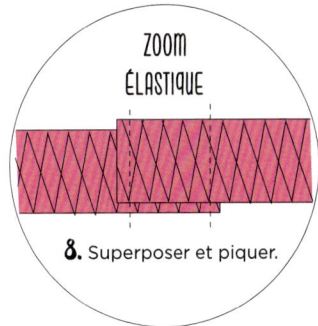

8. Superposer et piquer.

L'ÉCHARPE ✦✦✦

Plan de coupe, échelle 1/8

MATÉRIEL

➝ 2 triangles de 110 cm de large
et de 35 cm de hauteur
➝ 2 écheveaux de fil à broder
mouliné
➝ Une machine à coudre

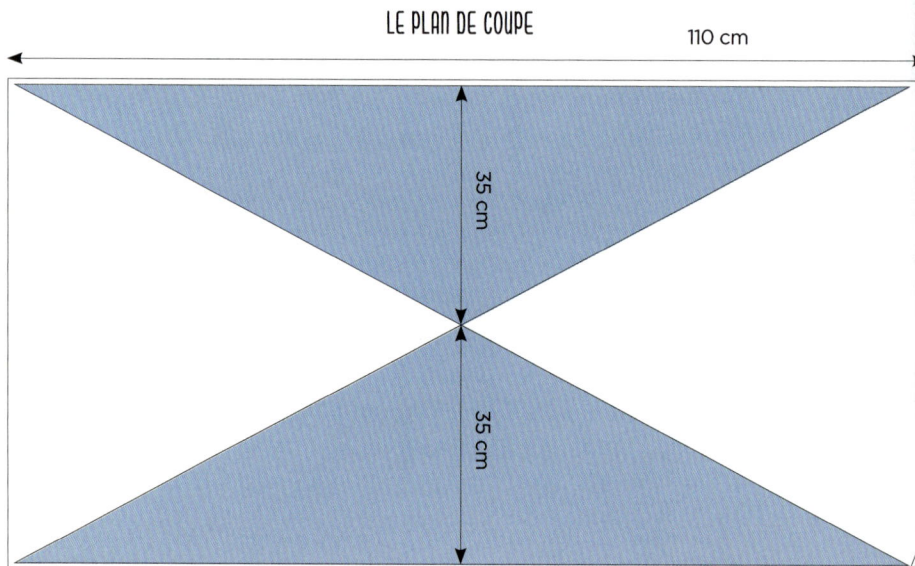

LE PLAN DE COUPE   110 cm

35 cm

35 cm

RÉALISATION

A› COUPE

1. Couper 2 triangles de tissu de 110 cm de large et de 35 cm de hauteur.

B› ASSEMBLAGE

2. Superposer les 2 triangles, endroit contre endroit.

3. Piquer tout autour en laissant une ouverture de 5 cm environ.

4. Cranter les angles et retourner sur l'endroit.

C› PRÉPARATION DES POMPONS

5. Prélever 30 cm des écheveaux de coton mouliné.

6. Avec le fil prélevé, nouer chaque extrémité des écheveaux.

7. Sous les boucles, avec une dizaine de centimètres de fils, tourner plusieurs fois et faire un nœud.

8. Couper l'écheveau en son milieu.

D› FINITIONS

9. Avec le reste de fil, fixer les pompons à la main aux extrémités du foulard en passant plusieurs fois successivement dans la boucle du pompon et à la pointe du foulard.

FOULARD (ENVERS)

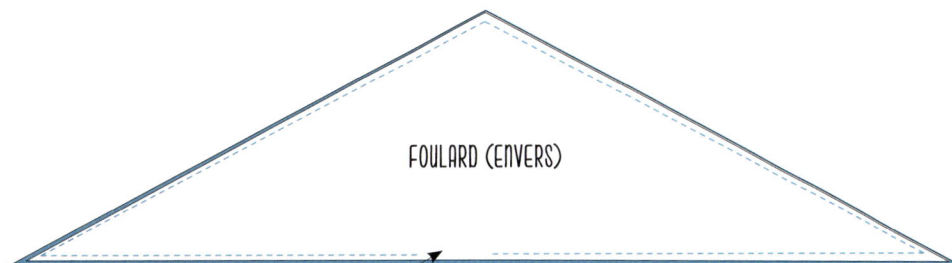

3. Piquer en laissant une ouverture.

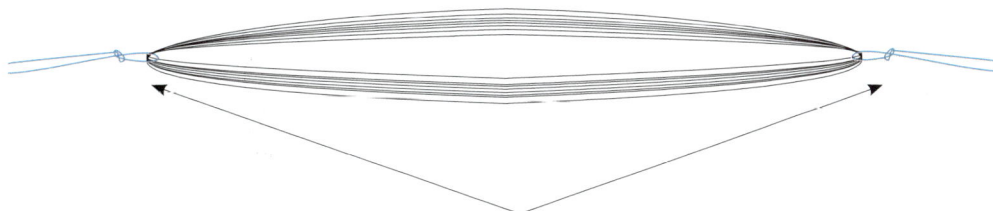

6. Faire un nœud autour des boucles de la bobine.

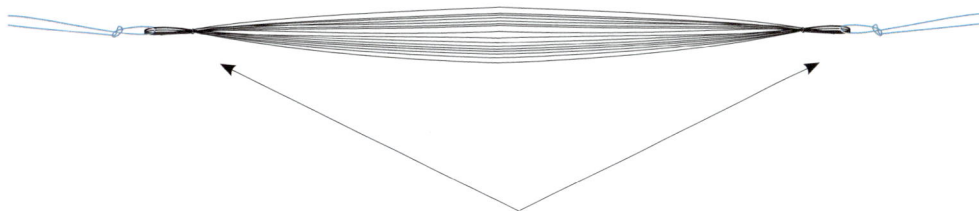

7. Tourner plusieurs fois et faire un nœud.

17

Le
CHOUCHOU

Le TEE-SHIRT

Le CHOUCHOU

Plan de coupe. échelle 1/4

9 cm

45 cm

LE PLAN DE COUPE

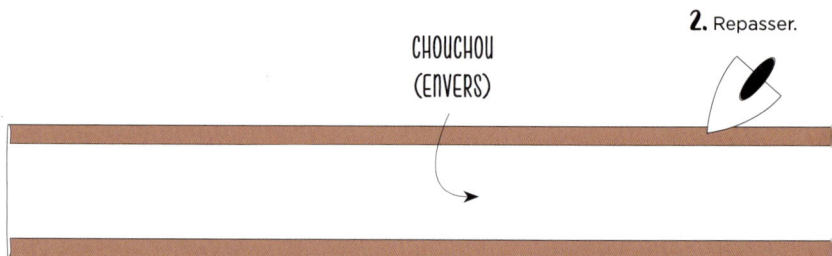

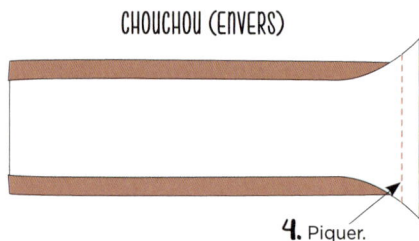

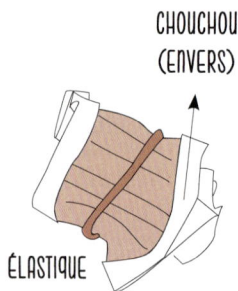

MATÉRIEL

→ 45 cm par 9 cm de coton
→ Un élastique à cheveux du commerce
→ Une machine à coudre

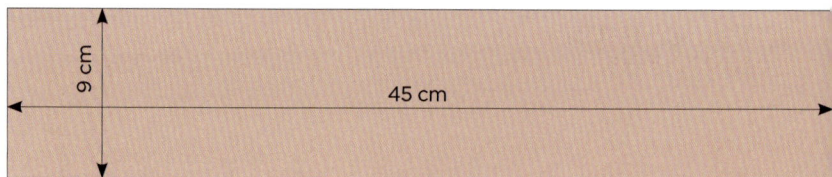

CHOUCHOU
(ENVERS)

2. Repasser.

CHOUCHOU (ENVERS)

4. Piquer.

CHOUCHOU
(ENVERS)

ÉLASTIQUE

5. Glisser le chouchou
dans l'élastique.

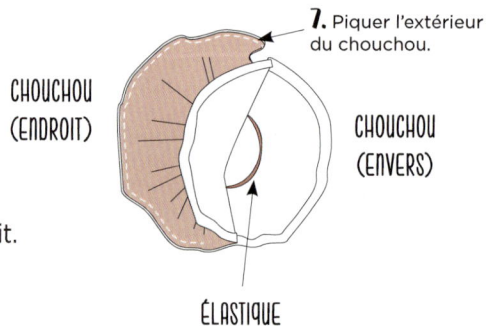

7. Piquer l'extérieur
du chouchou.

CHOUCHOU
(ENDROIT)

CHOUCHOU
(ENVERS)

ÉLASTIQUE

RÉALISATION

A› COUPE

1. Couper un rectangle de 45 cm par 9 cm de coton.

B› PRÉPARATION

2. Dans la longueur, repasser un rentré de 1 cm de part et d'autre du rectangle.

3. Plier le chouchou dans la longueur, endroit contre endroit.

4. Piquer l'extrémité à 1 cm.

C› FINITIONS

5. Glisser le chouchou dans l'élastique.

6. Plier le chouchou en deux.

7. Épingler et piquer tout autour.

Le TEE-SHIRT

Plan de coupe, échelle 1/8

MATÉRIEL

→ Un tee-shirt
→ Une bobine de fil élastique
→ 150 cm de dentelle de 15 cm de large
→ Une machine à coudre

DENTELLE (ENVERS)

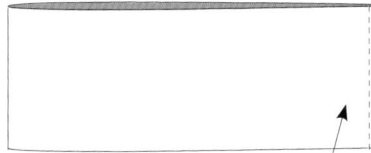

1. Piquer.

2. Faire les smocks.

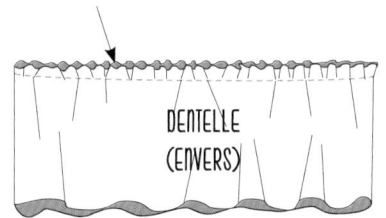

DENTELLE (ENVERS)

TEE-SHIRT (ENDROIT)

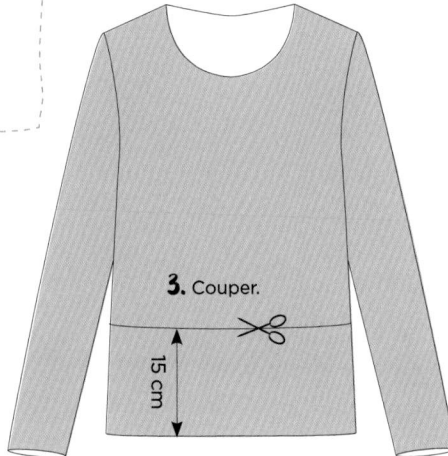

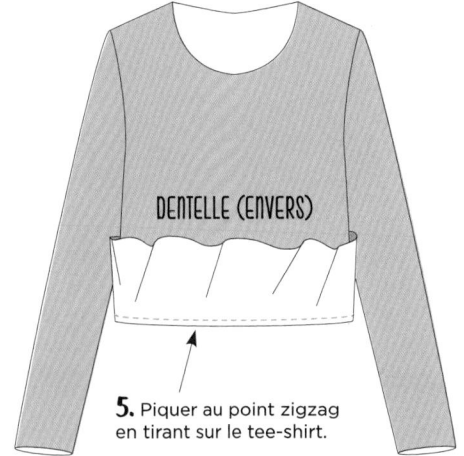

3. Couper.

15 cm

TEE-SHIRT (ENDROIT)

DENTELLE (ENVERS)

5. Piquer au point zigzag en tirant sur le tee-shirt.

RÉALISATION

A› PRÉPARATION DE LA DENTELLE

1. Plier la bande de dentelle endroit contre endroit dans la longueur et piquer son extrémité à 1 cm.

2. Sur le haut de la dentelle, réaliser des smocks. Pour cela, faire une canette de fil élastique à la main.

Positionner la canette dans le boîtier à canette et piquer en points droits (point numéro 1 de la machine).
Ne pas oublier de faire un point d'arrêt au début et à la fin de la couture. Les fronces se font automatiquement.

B› POSE SUR LE TEE-SHIRT

3. Raccourcir le tee-shirt de 15 cm.

4. Épingler la bande de dentelle sur le bas du tee-shirt.

5. Piquer la dentelle au tee-shirt, endroit contre endroit, au point zigzag en tirant sur le tee-shirt pour préserver son élasticité.

19

Le

COLLIER

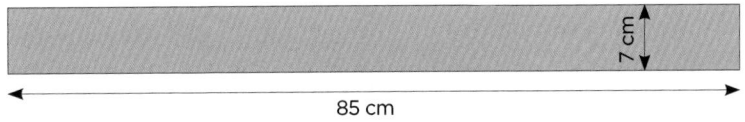

19

Le COLLIER

Plan de coupe, échelle 1/8

BANDE (ENVERS)

3. Piquer.

4. Retourner.

BANDE (ENDROIT)   BANDE (ENVERS)

5. Surpiquer.   **6.** Faire un nœud   **7.** Insérer une bille.

BANDE (ENDROIT)

8. Nouer le fil après la bille.

10. Faire un nœud.

BANDE (ENDROIT)

11. Surpiquer.

MATÉRIEL

→ 15 perles ou billes de 1 cm
→ Un rectangle de tissu de 7 cm par 85 cm
→ Un écheveau de fil de coton coordonné
→ Une épingle de nourrice
→ Une machine à coudre

RÉALISATION

A› COUPE

1. Couper un rectangle de tissu de 7 cm par 85 cm.

B› PRÉPARATION DE LA BANDE

2. Le plier dans la largeur, endroit contre endroit.

3. Piquer la longueur de la bande à 1 cm.

4. A l'aide d'une épingle de nourrice, retourner la bande de tissu sur l'endroit.

5. À une des extrémités de la bande, faire un rentré de 1 cm et surpiquer à 2 mm.

6. À 15 cm de cette extrémité, faire un nœud avec la bande.

C› INSERTION DES BILLES

7. Glisser une bille par l'extrémité de la bande laissée ouverte.

8. Avec le fil épais, tourner plusieurs fois autour de la bande juste après la bille et faire un double nœud.

9. Répéter l'opération avec toutes les billes.

10. Après la dernière bille, faire un nœud avec la bande.

11. À l'extrémité laissée ouverte, faire un rentré de 1 cm et surpiquer à 2 mm.

ATELIER MACHINE À COUDRE

DANS Mon
CARTABLE

ZO

La trousse
RECTANGULAIRE

21

Le protège **CAHIER**

WORK

La trousse RECTANGULAIRE

Plan de coupe, échelle 1/8

◎ MATÉRIEL

→ 32 cm par 26 cm de coton
→ Une fermeture à glissière de 32 cm minimum
→ Une machine à coudre

LE PLAN DE COUPE

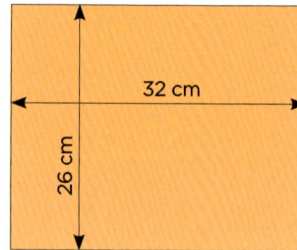

32 cm

26 cm

RÉALISATION

A› POSE DE LA FERMETURE À GLISSIÈRE

1. Couper un rectangle de 32 cm par 26 cm dans du coton.

2. Épingler la fermeture à glissière sur un des bords les plus longs de la trousse, endroit contre endroit.

3. Fixer le pied spécial fermeture à glissière sur la machine.

4. Piquer au ras des dents de la fermeture à glissière.

5. Épingler et piquer, de la même manière, l'autre côté de la trousse sur l'autre côté de la fermeture à glissière, endroit contre endroit.

B› RÉALISATION DES CÔTÉS DE LA TROUSSE

6. Ouvrir la fermeture à glissière à moitié.

7. Replier la trousse, endroit contre endroit, en plaçant la fermeture à glissière au milieu du rectangle obtenu.

8. Piquer les côtés de la trousse à 1 cm.

9. Couper l'excédent de fermeture à glissière.

10. Dessiner un carré de 3 cm sur 3 cm à chaque angle et de chaque côté de la trousse.

C› RÉALISATION DES ANGLES DE LA TROUSSE

11. Ouvrir les angles. Pour cela, positionner le côté du carré avec la couture sur le côté du carré sans couture. Suivre la flèche du schéma.

12. Piquer sur les traits.

13. Couper les pointes à 1 cm de la couture.

14. Retourner la trousse par la fermeture à glissière.

A

2. Épingler.

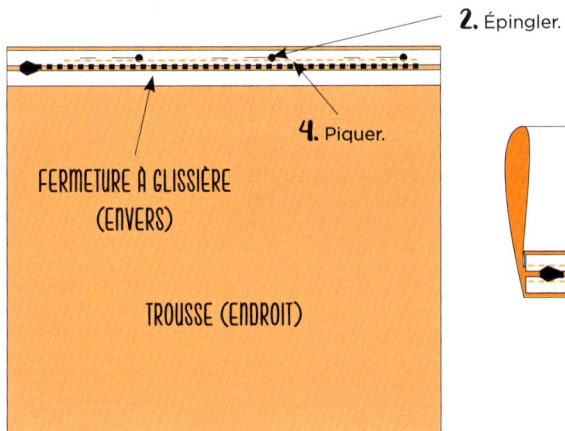

4. Piquer.

FERMETURE À GLISSIÈRE
(ENVERS)

TROUSSE (ENDROIT)

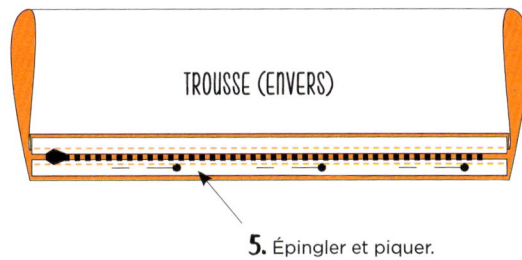

TROUSSE (ENVERS)

5. Épingler et piquer.

B

8. Piquer.

6. Ouvrir.

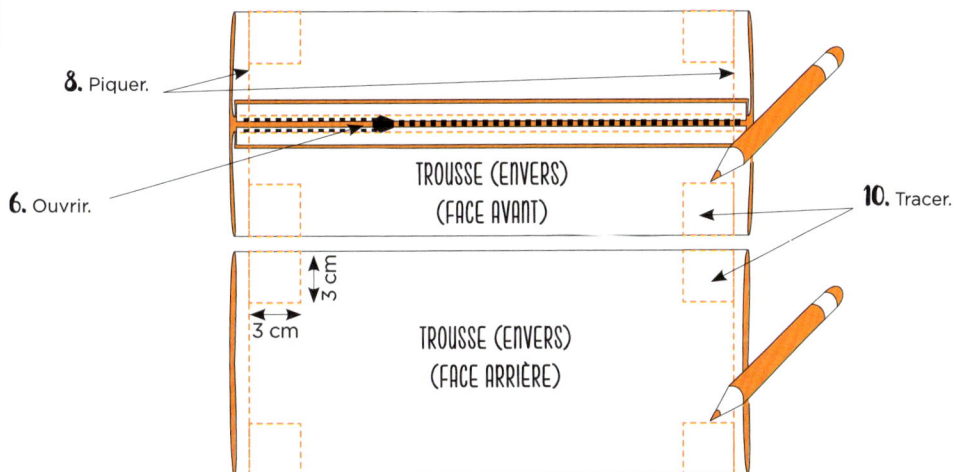

TROUSSE (ENVERS)
(FACE AVANT)

10. Tracer.

3 cm

3 cm

TROUSSE (ENVERS)
(FACE ARRIÈRE)

C

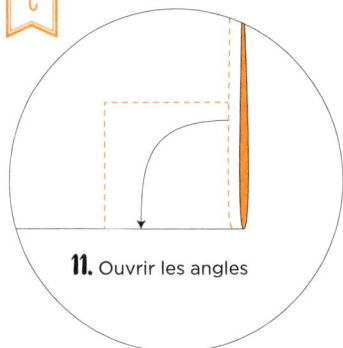

11. Ouvrir les angles

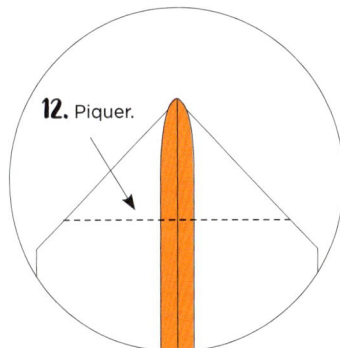

12. Piquer.

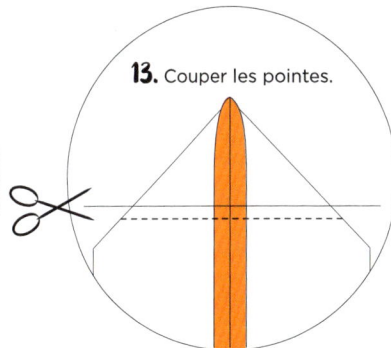

13. Couper les pointes.

DANS *Mon cartable* **91**

Le protège CAHIER

Plan de coupe, échelle 1/8

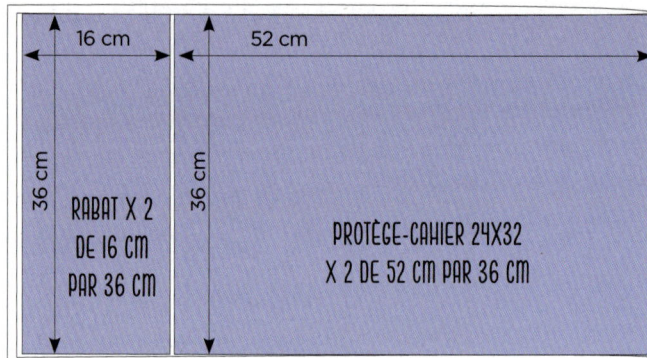
16 cm / 52 cm
36 cm / 36 cm
RABAT X 2 DE 16 CM PAR 36 CM
PROTÈGE-CAHIER 24X32 X 2 DE 52 CM PAR 36 CM

MATÉRIEL

→ Pour un carnet de santé 15x21 : 25 cm par 67 cm de coton
→ Pour un cahier 17x22 : 26 cm par 84 cm de coton
→ Pour un cahier 21x29,7 : 34 cm par 124 cm de coton
→ Pour un cahier 24x32 : 36 cm par 136 cm de coton
→ Une machine à coudre

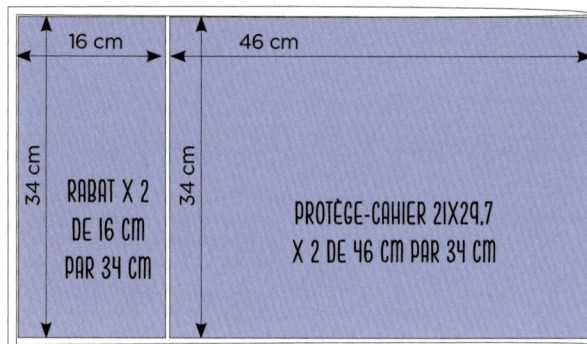
16 cm / 46 cm
34 cm / 34 cm
RABAT X 2 DE 16 CM PAR 34 CM
PROTÈGE-CAHIER 21X29,7 X 2 DE 46 CM PAR 34 CM

LES PLANS DE COUPE

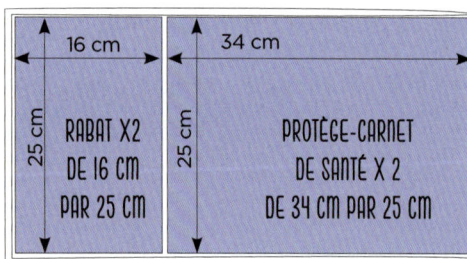
16 cm / 34 cm
25 cm / 25 cm
RABAT X2 DE 16 CM PAR 25 CM
PROTÈGE-CARNET DE SANTÉ X 2 DE 34 CM PAR 25 CM

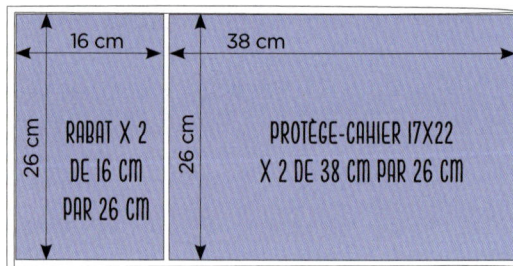
16 cm / 38 cm
26 cm / 26 cm
RABAT X 2 DE 16 CM PAR 26 CM
PROTÈGE-CAHIER 17X22 X 2 DE 38 CM PAR 26 CM

RÉALISATION

A› PRÉPARATION DES RABATS

1. Plier les rabats, envers contre envers, dans la largeur.

2. Surpiquer la longueur à 8 mm.

B› ASSEMBLAGE

3. Positionner et piquer les rabats sur la partie intérieure du protège-cahier.

4. Épingler l'intérieur et l'extérieur du protège-cahier, endroit contre endroit. Piquer en laissant une ouverture sur un des côtés.

5. Cranter les angles.

6. Retourner le protège-cahier sur l'endroit par l'ouverture.

7. Surpiquer les côtés horizontaux du protège-cahier à 2 mm.

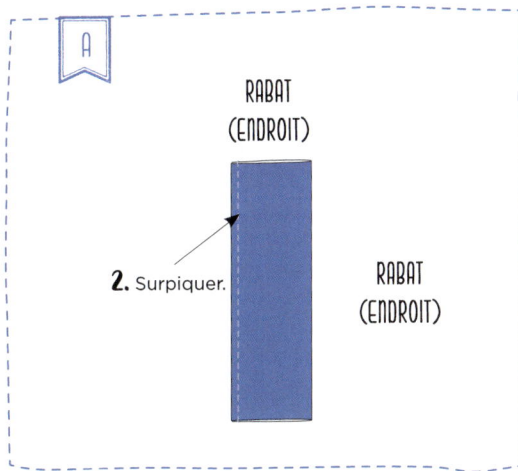

A

RABAT
(ENDROIT)

2. Surpiquer.

RABAT
(ENDROIT)

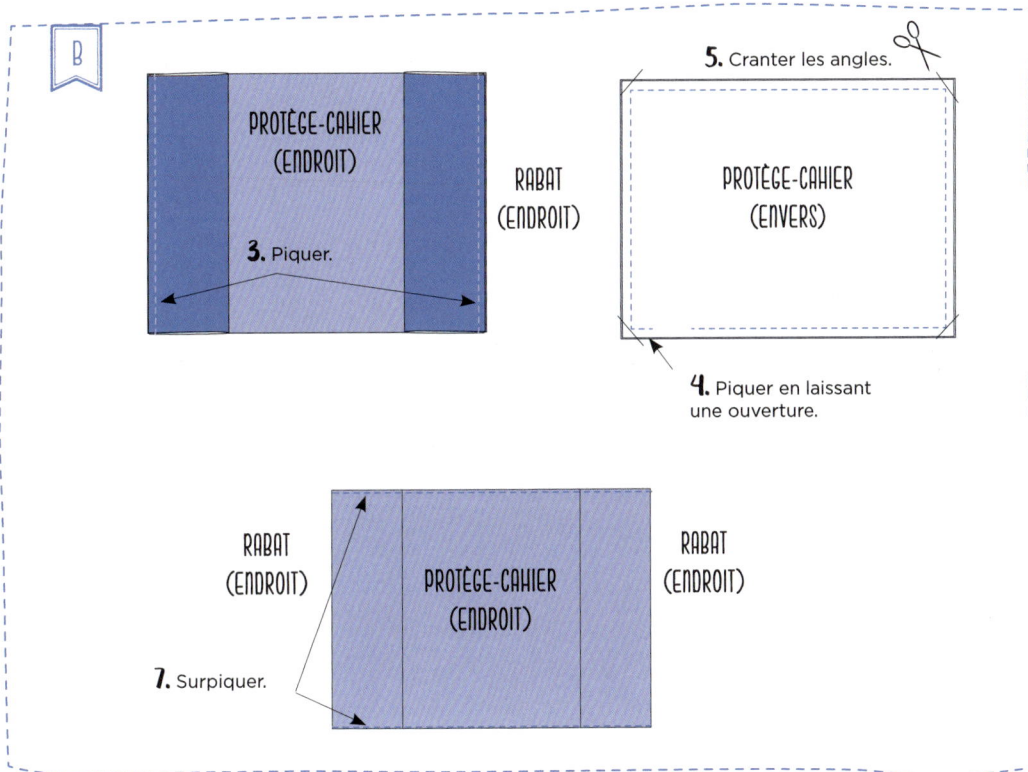

B

PROTÈGE-CAHIER
(ENDROIT)

3. Piquer.

RABAT
(ENDROIT)

5. Cranter les angles.

PROTÈGE-CAHIER
(ENVERS)

4. Piquer en laissant
une ouverture.

RABAT
(ENDROIT)

PROTÈGE-CAHIER
(ENDROIT)

RABAT
(ENDROIT)

7. Surpiquer.

22

La trousse
→ À FEUTRES ←

La pochette affaires DE SPORT

La trousse À FEUTRES

Plan de coupe. échelle 1/8

MATÉRIEL

→ 42 cm par 64 cm de coton
→ Un bouton de 22 mm
→ Une machine à coudre

COMPARTIMENT
À FEUTRES
DE 38 CM PAR 22 CM

38 cm

22 cm

38 cm

21 cm

TROUSSE EXTÉRIEURE
ET INTÉRIEURE X 2
DE 38 CM PAR 21 CM

38 cm

21 cm

BOUTONNIÈRE
1 RECTANGLE
DE 7 CM PAR 4 CM

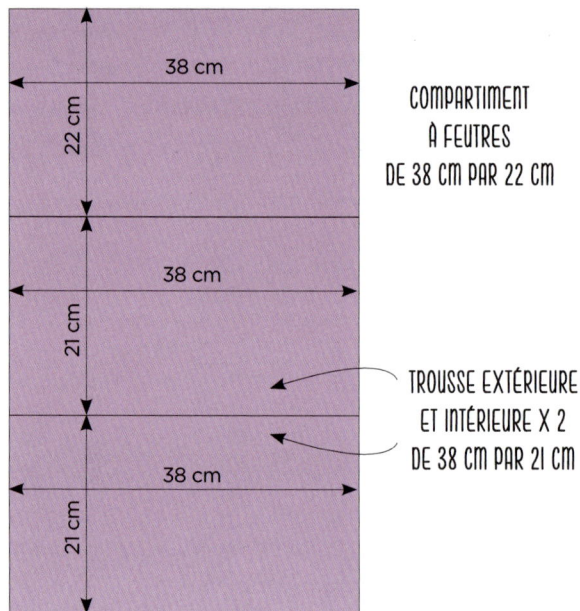

LE PLAN DE COUPE

RÉALISATION

A› COUPE

1. Couper :
- 1 rectangle de 38 cm par 22 cm
- 2 rectangles de 38 cm par 21 cm
- 1 rectangle de 7 cm par 4 cm

B› COMPARTIMENT À FEUTRES

2. Plier le rectangle de 38 x 22 cm, envers contre envers, dans la largeur.

3. Piquer le bas à 1 cm.

C› BOUTONNIÈRE

4. Repasser un rentré de 1 cm de part et d'autre de la bande.

5. Replier la bande en deux et surpiquer à 2 mm.

6. Former la boutonnière comme sur le schéma.

D› ASSEMBLAGE

7. Piquer le compartiment à feutres, endroit contre endroit, sur le bas de la face intérieure de la trousse.

8. Piquer la boutonnière sur le côté de la base intérieure de la trousse.

9. Tracer des verticales tous les 3 cm sauf aux extrémités, où les verticales doivent être à 4 cm des bords, comme sur le schéma.

10. Piquer les verticales.

11. Épingler et piquer l'intérieur et l'extérieur de la trousse, endroit contre endroit, en laissant une ouverture sur le côté opposé à la boutonnière.

12. Cranter les angles.

13. Retourner la trousse sur l'endroit par l'ouverture.

14. Surpiquer à 2 mm tout autour de la trousse.

15. Remplir la trousse de feutres, la rouler et déterminer ainsi l'emplacement du bouton.

16. Coudre le bouton.

COMPARTIMENT À FEUTRES
(ENDROIT)

3. Piquer.

BOUTONNIÈRE
(ENVERS)

4. Repasser.

6. Former la boutonnière.

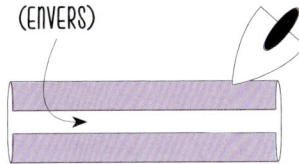

BOUTONNIÈRE (ENDROIT)

5. Surpiquer à 2 mm.

TROUSSE INTÉRIEURE
(ENDROIT)

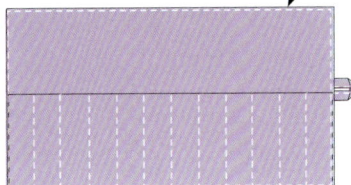

9. Tracer et piquer des verticales tous les 3 cm.

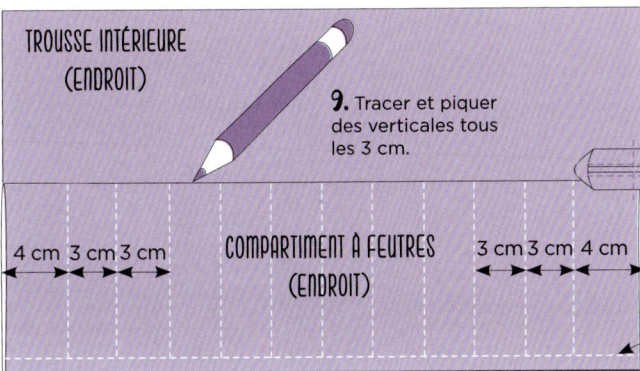

8. Piquer la boutonnière.

4 cm 3 cm 3 cm

COMPARTIMENT À FEUTRES
(ENDROIT)

3 cm 3 cm 4 cm

7. Piquer le bas du compartiment à feutres.

TROUSSE EXTÉRIEURE
(ENVERS)

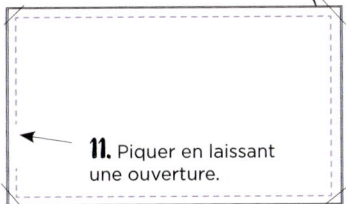

11. Piquer en laissant une ouverture.

12. Cranter les angles.

TROUSSE INTÉRIEURE
(ENDROIT)

14. Surpiquer.

23

La pochette
AFFAIRES DE SPORT
et le sac à linge sale

Plan de coupe, échelle 1/8

⊚ MATÉRIEL

Pour la pochette affaires de sport :
→ 70 cm par 25 cm de coton
→ Une cordelette de 50 cm

Pour le sac à linge sale :
→ 100 cm par 50 cm de coton
→ Une cordelette de 100 cm
→ Une épingle de nourrice
→ Une machine à coudre

POCHETTE AFFAIRES DE SPORT

70 cm

25 cm

SAC À LINGE SALE

100 cm

50 cm

🪡 RÉALISATION

A› BANDE À COULISSE DU HAUT DE SAC

1. À 5 cm du haut du sac, couper sur 1 cm comme sur le schéma, à chaque angle.

2. Sur ces 5 cm, faire un rentré de 1 cm sur l'envers du sac.

3. Surpiquer le rentré.

4. Faire un ourlet de 2 cm sur 1 cm à chaque extrémité du sac.

5. Surpiquer l'ourlet.

B› ASSEMBLAGE DES CÔTÉS

6. Plier le sac en deux, endroit contre endroit.

7. Piquer les côtés à 1 cm.

8. À l'aide d'une épingle de nourrice, passer la cordelette dans l'ourlet.

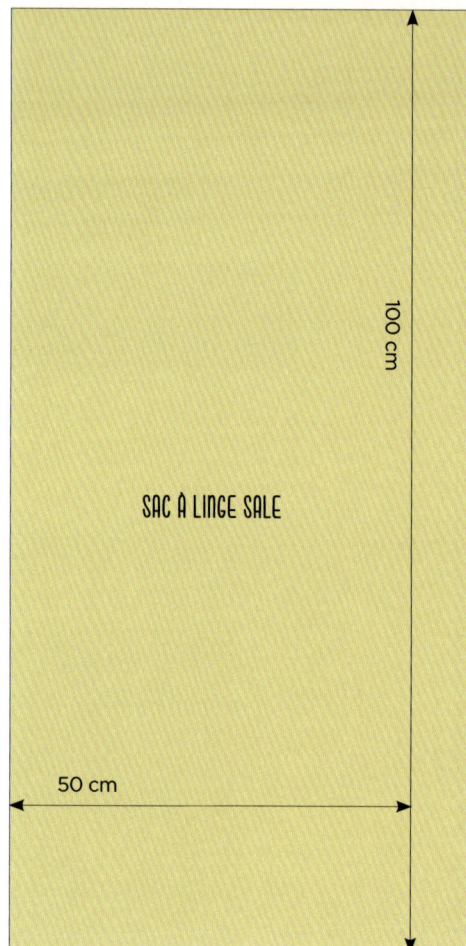

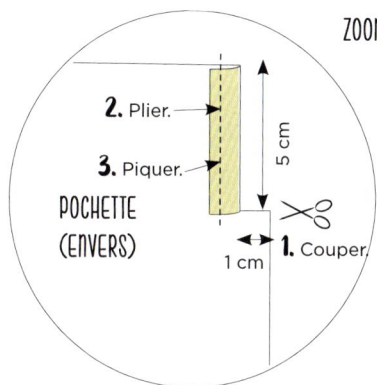

2. Plier.

3. Piquer.

5 cm

POCHETTE
(ENVERS)

1 cm

1. Couper.

POCHETTE (ENVERS)

ZOOM

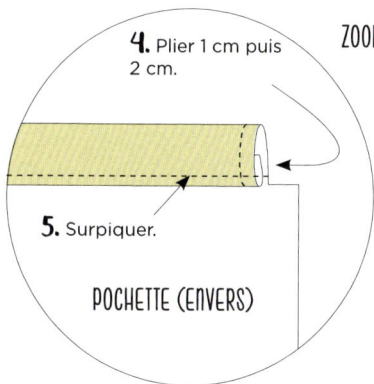

4. Plier 1 cm puis 2 cm.

5. Surpiquer.

POCHETTE (ENVERS)

POCHETTE (ENVERS)

B

POCHETTE (ENVERS)

8. Glisser la cordelette avec l'épingle de nourrice.

7. Piquer.

ATELIER MACHINE À COUDRE

DANS *Ma*
VALISE

24

L'étiquette
VALISE

25

La serviette
⟶ DE PLAGE ⟵

L'étiquette VALISE

Plan de coupe, échelle 1/2

MATÉRIEL

→ 20 cm par 20 cm de coton enduit
→ Une feuille de papier épais
→ Une machine à coudre

ÉTIQUETTE

3,5 cm

8 cm

2,5 cm

10,5 cm

4 cm

20 cm

PASSANT

LE PLAN DE COUPE

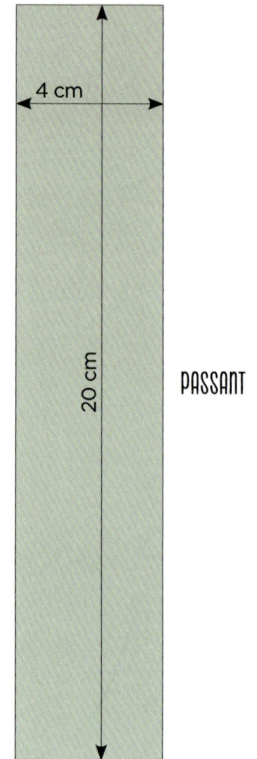

RÉALISATION

A› PRÉPARATION

1. Photocopier en agrandissant la forme ci-dessus à 200 %.

2. Couper deux formes et une bande de passant dans une toile de coton enduit.

B› COUTURE DU PASSANT

3. Plier un rentré de 1 cm de part et d'autre de la bande du passant.

4. Replier la bande en deux et surpiquer à 2 mm.

5. Former le passant comme sur le schéma.

6. Piquer le passant sur une des étiquettes, endroit contre endroit.

C› COUTURE DE L'ÉTIQUETTE

7. Sur l'envers de l'autre face, tracer un rectangle à 2,5 cm des bords.

8. Couper au milieu du rectangle et jusque dans les angles.

9. Rabattre les morceaux et surpiquer tout autour de la fenêtre ainsi créée.

10. Superposer les deux faces de l'étiquette, endroit contre endroit, et piquer à 1 cm. (Il vaut mieux tracer les valeurs de coutures sur l'envers de l'étiquette.)

11. Cranter les angles.

12. Retourner l'étiquette à l'endroit en passant par la fenêtre.

13. Couper dans la feuille de papier rigide un rectangle de 6 cm par 9 cm et le glisser dans la fenêtre.

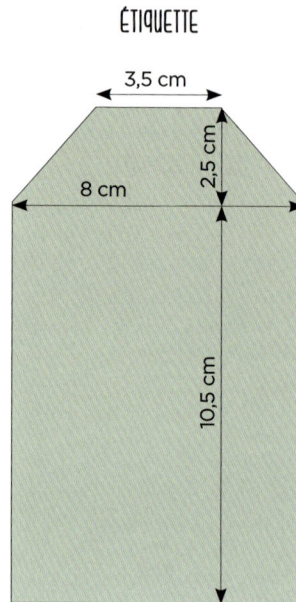

B

PASSANT (ENVERS)

3. Plier.

PASSANT (ENDROIT)

4. Surpiquer à 2 mm.

ÉTIQUETTE (ENDROIT)

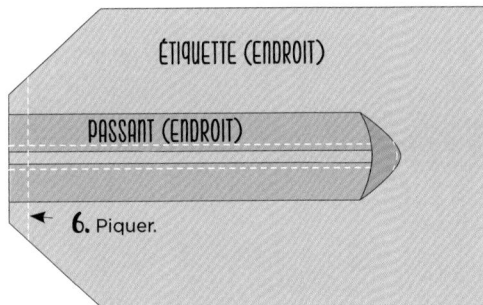

PASSANT (ENDROIT)

6. Piquer.

C

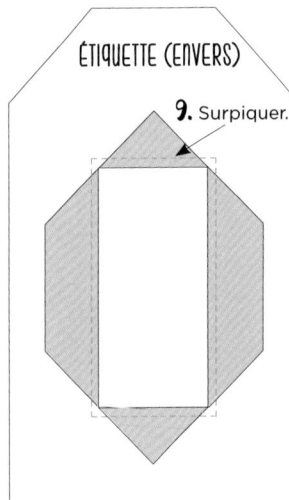

ÉTIQUETTE (ENVERS)

7 et 8. Tracer et couper.

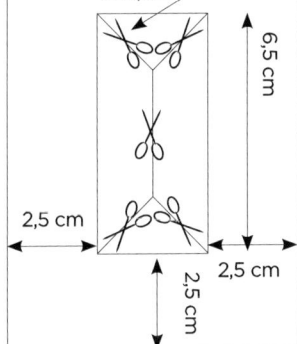

6,5 cm

2,5 cm

2,5 cm

ÉTIQUETTE (ENVERS)

9. Surpiquer.

ÉTIQUETTE (ENVERS)

10. Tracer et piquer.

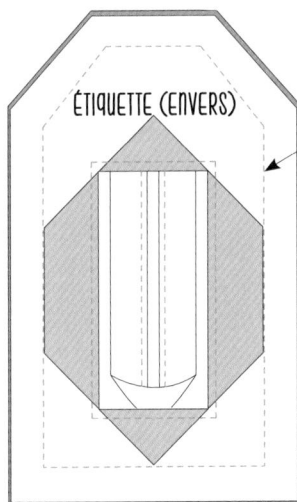

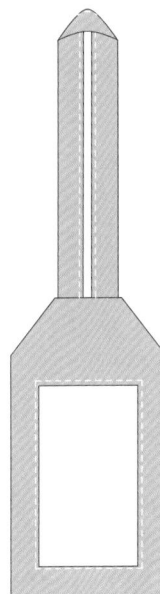

La serviette DE PLAGE

Plan de coupe, échelle 1/10

MATÉRIEL

→ 120 cm par 80 cm de tissu éponge
→ 120 cm par 110 cm de coton
→ Un bouton de 22 mm
→ Une machine à coudre

BOUTONNIÈRE :
1 RECTANGLE
DE 4 CM PAR 7 CM

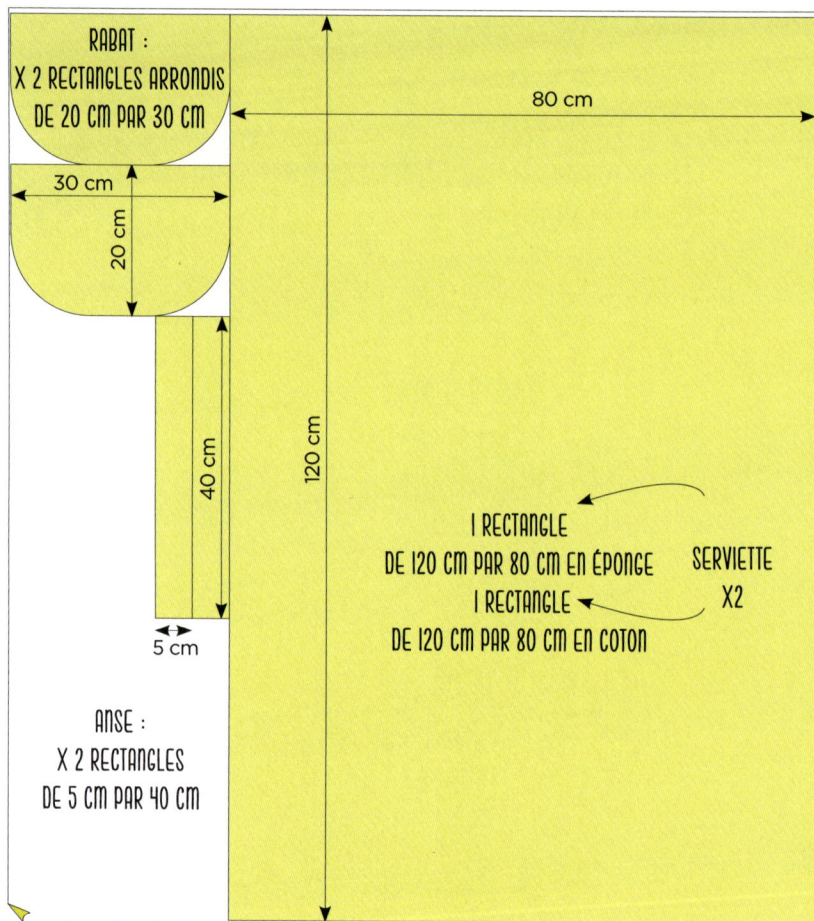

RABAT :
X 2 RECTANGLES ARRONDIS
DE 20 CM PAR 30 CM

30 cm

20 cm

40 cm

120 cm

80 cm

5 cm

1 RECTANGLE
DE 120 CM PAR 80 CM EN ÉPONGE

SERVIETTE
X2

1 RECTANGLE
DE 120 CM PAR 80 CM EN COTON

ANSE :
X 2 RECTANGLES
DE 5 CM PAR 40 CM

LE PLAN DE COUPE

RÉALISATION

A› COUPE

1. Couper dans le tissu éponge:
- 1 rectangle de 120 cm par 80 cm
Couper dans le coton:
- 1 rectangle de 120 cm par 80 cm
- 2 rectangles de 5 cm par 40 cm
- 2 rectangles arrondis, comme sur le schéma, de 20 cm par 30 cm
- 1 rectangle de 4 cm par 7 cm

B› COUTURE DE LA BOUTONNIÈRE

2. Repasser un rentré de 1 cm de part et d'autre de la bande de boutonnière.

3. Replier la bande en deux et surpiquer à 2 mm.

4. Former la boutonnière comme sur le schéma.

C› COUTURE DU RABAT

5. Piquer la boutonnière, endroit contre endroit, sur le milieu d'un des rabats.

6. Superposer les deux rabats, endroit contre endroit, puis piquer le long du bord arrondi.

7. Retourner sur l'endroit.

8. Surpiquer l'arrondi à 2 mm.

BOUTONNIÈRE
(ENVERS)

2. Repasser.

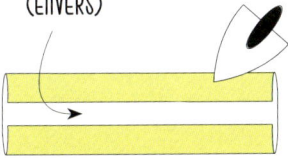

BOUTONNIÈRE (ENDROIT)

3. Surpiquer à 2 mm.

4. Former la boutonnière.

C

RABAT (ENDROIT)

5. Piquer.

RABAT (ENVERS)

6. Piquer.

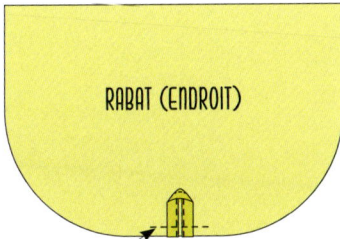

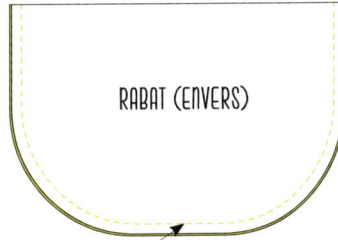

RABAT (ENDROIT)

8. Surpiquer.

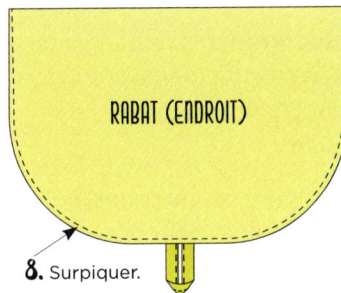

La serviette de plage (suite)

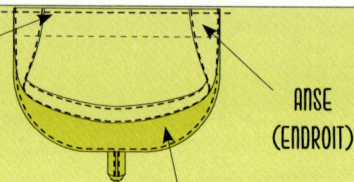

12. Piquer.

ANSE (ENDROIT)

RABAT (ENDROIT)

COTON (ENDROIT)

D

9. Piquer.

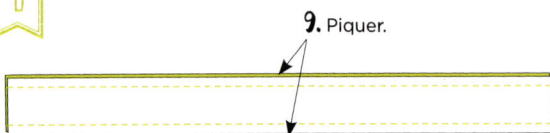

ANSE (ENVERS)

10. Retourner.

ANSE (ENVERS)

ANSE (ENDROIT)

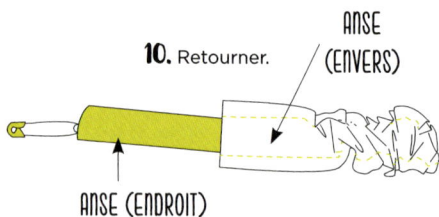

ANSE (ENDROIT)

11. Surpiquer.

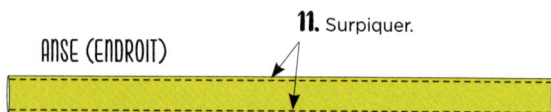

RÉALISATION (SUITE)

D › COUTURE DE L'ANSE

9. Piquer à 1 cm les longueurs de l'anse, endroit contre endroit.

10. À l'aide d'une épingle de nourrice, retourner l'anse sur l'endroit.

11. Surpiquer les longueurs à 2 mm.

12. Sur le coton, superposer l'anse sur le rabat et piquer.

E › ASSEMBLAGE

13. Superposer le rectangle de coton et le rectangle d'éponge endroit contre endroit, puis piquer.

14. Laisser une ouverture de 10 cm environ pour pouvoir retourner.

15. Retourner et surpiquer tout autour de la serviette.

16. Plier la serviette en trois, dans la longueur, puis la rouler.

17. Coudre un bouton où tombe la boutonnière.

E

14. Laisser une ouverture.

COTON (ENVERS)

13. Piquer.

16. Plier et rouler la serviette.

17. Coudre le bouton.

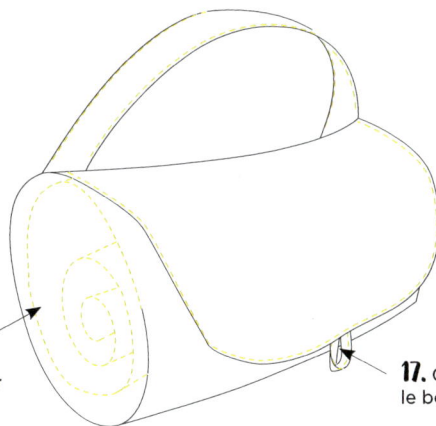

26

La trousse
À BARRETTES

27

Le

BANDEAU

La trousse À BARRETTES

Plan de coupe, échelle 1/8

◎ MATÉRIEL

→ 20 cm par 50 cm de tissu
→ 130 cm de gros-grain 2 cm
→ Une machine à coudre

LE PLAN DE COUPE

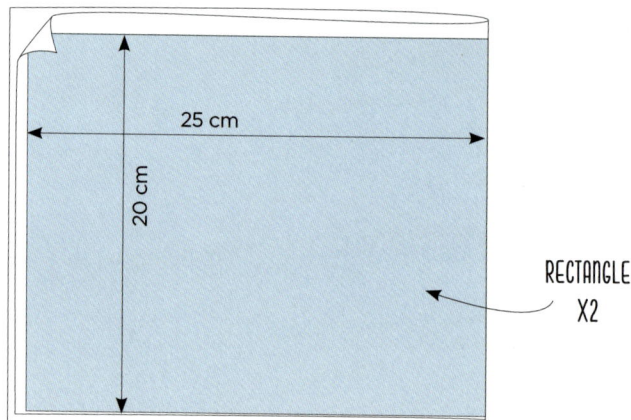

25 cm

20 cm

RECTANGLE
X2

RÉALISATION

A› COUPE

1. Couper 2 rectangles de tissu de 20 cm par 25 cm.

B› PRÉPARATION DE L'INTÉRIEUR

2. Sur l'endroit du rectangle prévu pour l'intérieur de la trousse, fixer 2 bandes de gros-grain dans la longueur, à environ 5 cm du bord.

3. À chaque tiers, piquer les bandes verticalement.

C› PRÉPARATION DE L'EXTÉRIEUR

4. Fixer le restant du gros-grain au milieu du rectangle extérieur de la trousse, sur l'endroit. Faire un nœud avec le ruban pour ne pas le prendre dans la prochaine couture.

D› ASSEMBLAGE

5. Superposer les deux rectangles, endroit contre endroit.

6. Piquer sur tout le tour à 1 cm, en laissant une ouverture de 7 cm environ pour pouvoir retourner.

7. Retourner sur l'endroit.

8. Surpiquer le rectangle sur tout le tour à 2 mm du bord.

B

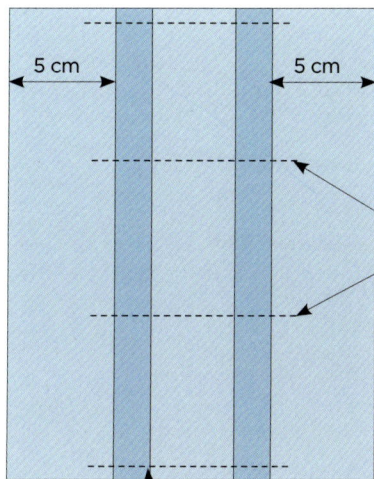

INTÉRIEUR DE
LA TROUSSE
(ENDROIT)

5 cm   5 cm

3. Piquer.

2. Fixer le
gros-grain.

C

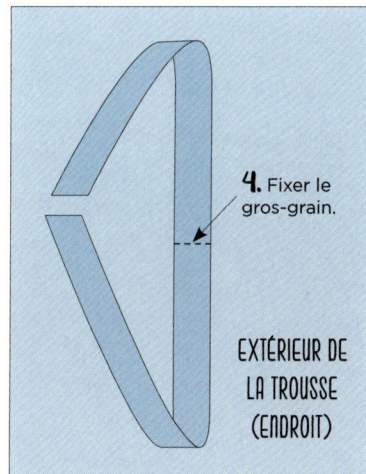

4. Fixer le
gros-grain.

EXTÉRIEUR DE
LA TROUSSE
(ENDROIT)

D

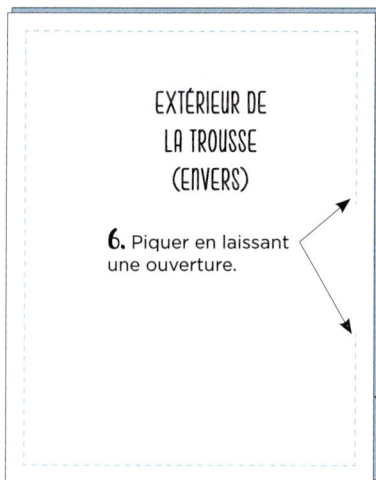

EXTÉRIEUR DE
LA TROUSSE
(ENVERS)

6. Piquer en laissant
une ouverture.

INTÉRIEUR DE LA
TROUSSE (ENDROIT)

EXTÉRIEUR DE
LA TROUSSE
(ENDROIT)

8. Surpiquer.

Le BANDEAU ✦✦✦

Plan de coupe, échelle 1/8

MATÉRIEL

→ 37 cm par 23 cm de coton
→ 15 cm d'élastique de 2 cm de large
→ Une machine à coudre

LE PLAN DE COUPE

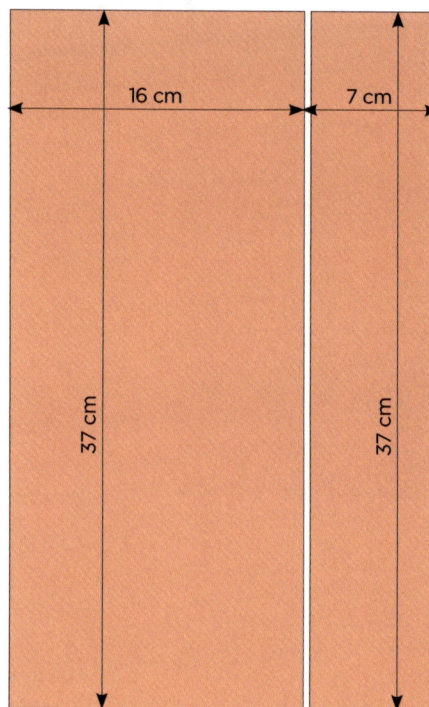

16 cm   7 cm

37 cm   37 cm

RÉALISATION

A› PRÉPARATION DE LA BANDE LARGE

1. Repasser un double rentré de 1 cm sur 1 cm de part et d'autre de la bande large.

2. Surpiquer à 2 mm.

B› PRÉPARATION DE LA BANDE FINE

3. Plier la bande fine de tissu, endroit contre endroit, et piquer la longueur à 1 cm.

4. À l'aide d'une épingle de nourrice, retourner la bande sur l'endroit.

5. À l'aide d'une épingle de nourrice, glisser l'élastique dans la bande.

6. Maintenir l'élastique de part et d'autre de la bande par quelques points zigzag.

C› ASSEMBLAGE

7. Plier le bandeau, endroit contre endroit. À 3 cm du milieu, piquer sur 3 cm.

8. Former le pli creux ainsi créé.

9. Positionner la bande élastique sur le pli creux, endroit contre endroit.

10. Rabattre les extrémités du bandeau sur la bande élastique. L'élastique se trouve en sandwich au milieu du bandeau.

11. Piquer à 1 cm.

12. Faire de même de l'autre côté du bandeau.

A

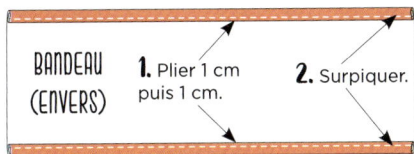

BANDEAU
(ENVERS)

1. Plier 1 cm
puis 1 cm.

2. Surpiquer.

ZOOM

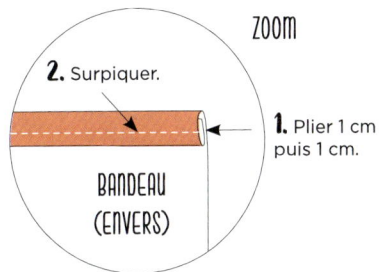

2. Surpiquer.

1. Plier 1 cm
puis 1 cm.

BANDEAU
(ENVERS)

B

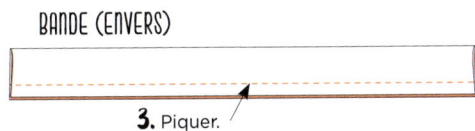

BANDE (ENVERS)

3. Piquer.

4. Retourner.

BANDE
(ENDROIT)

BANDE
(ENVERS)

BANDE
(ENDROIT)

5. Glisser l'élastique.

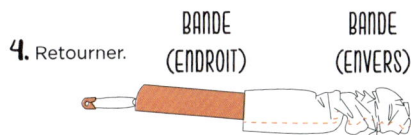

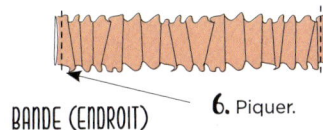

BANDE (ENDROIT)

6. Piquer.

C

BANDEAU (ENVERS)

3 cm

7. Piquer.

BANDEAU
(ENDROIT)

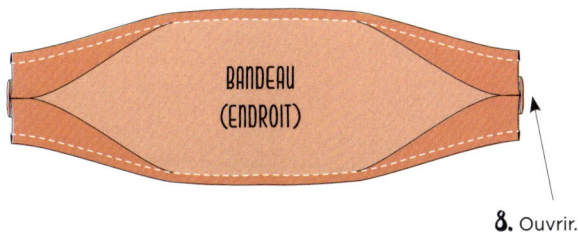

8. Ouvrir.

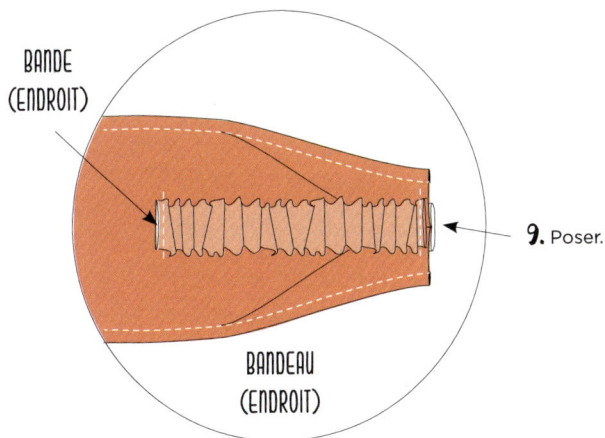

BANDE
(ENDROIT)

9. Poser.

BANDEAU
(ENDROIT)

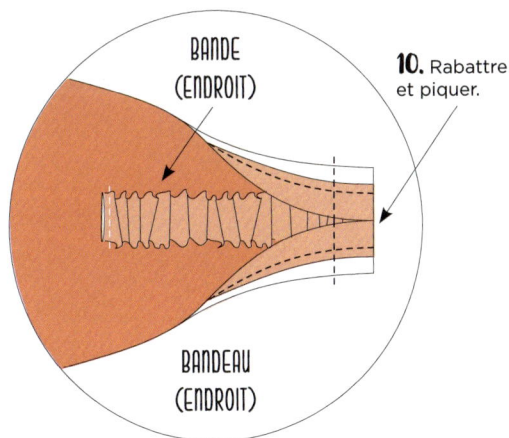

BANDE
(ENDROIT)

10. Rabattre
et piquer.

BANDEAU
(ENDROIT)

ATELIER MACHINE À COUDRE

En
CUISINE

Le TABLIER

Les gants
DE CUISINE

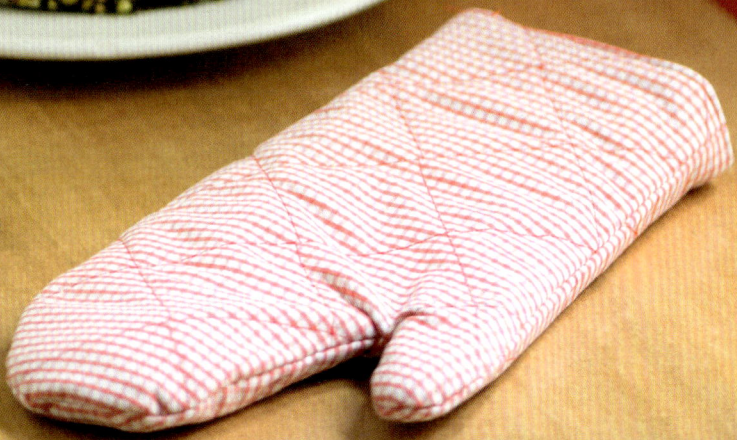

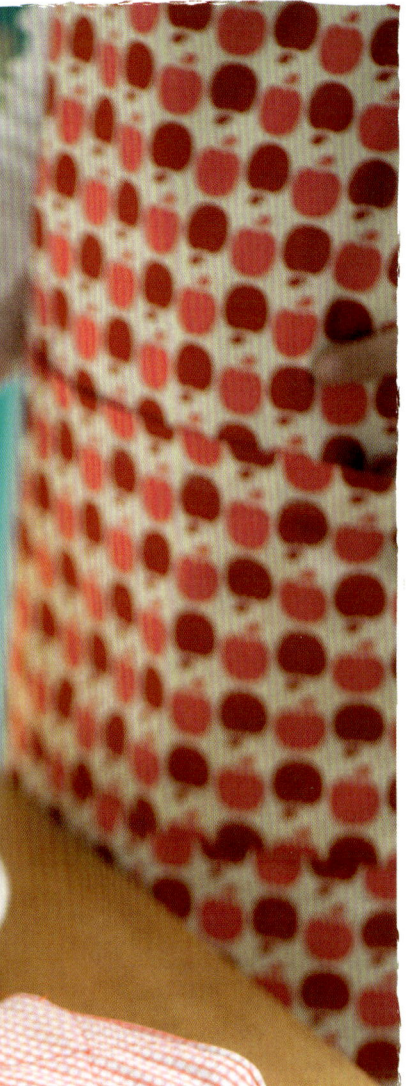

Le TABLIER

Plan de coupe, échelle 1/8

MATÉRIEL

→ 100 cm par 60 cm de coton
→ 2 m de ruban de 2 cm de large
→ Une épingle de nourrice
→ Une machine à coudre

LE PLAN DE COUPE

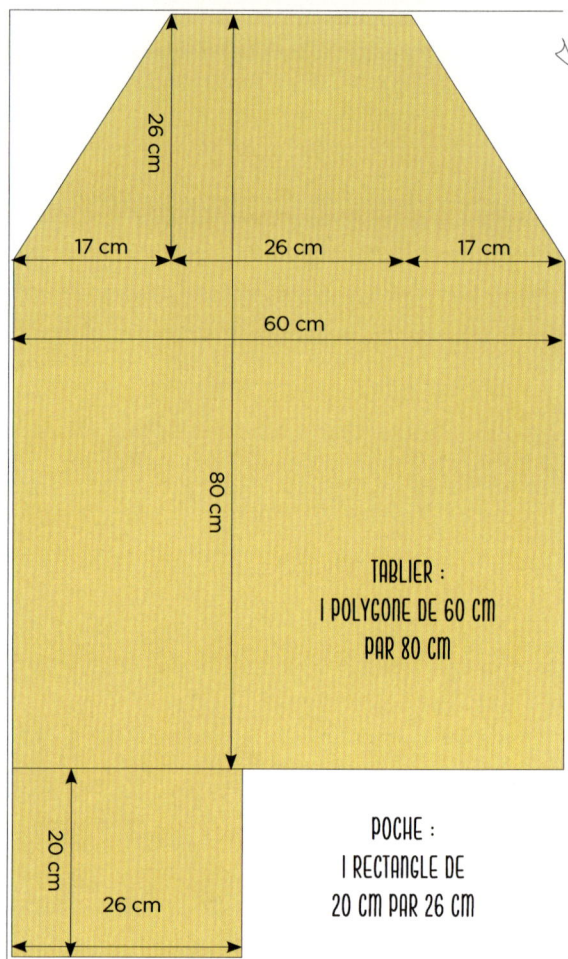

26 cm

17 cm   26 cm   17 cm

60 cm

80 cm

TABLIER :
1 POLYGONE DE 60 CM
PAR 80 CM

20 cm

26 cm

POCHE :
1 RECTANGLE DE
20 CM PAR 26 CM

RÉALISATION

A› COUPE

1. Couper un rectangle de 26 cm par 20 cm pour la poche. Dans un rectangle de 60 cm par 80 cm, couper un polygone comme indiqué sur le schéma ci-dessus.

B› COUTURE DES OURLETS

2. Faire les ourlets du tablier. Pour cela, plier 1 cm puis 2 cm sur le haut, le bas et les côtés.

3. Surpiquer les bords des ourlets à 2 mm.

4. Sur les diagonales, faire un ourlet de 3 cm sur 1 cm et surpiquer.

5. Faire un rentré de 1 cm sur les côtés de la poche et surpiquer.

6. Faire un ourlet de 2 cm sur 1 cm sur le haut de la poche, et surpiquer.

C› ASSEMBLAGE

7. Positionner la poche sur le tablier, endroit contre endroit, à 15 cm du bord du tablier et à 20 cm des diagonales.

8. Piquer le bas de la poche à 1 cm.

9. Rabattre la poche vers le haut et piquer les côtés de la poche.

10. À l'aide de l'épingle de nourrice, glisser le ruban dans les diagonales.

B

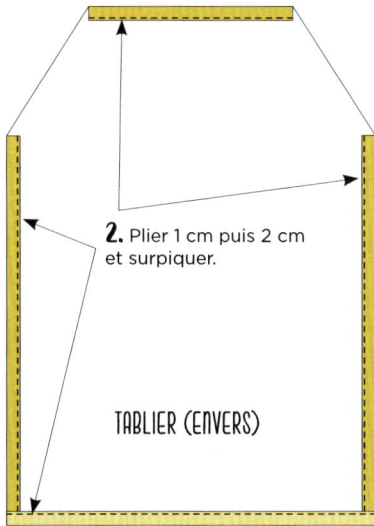

2. Plier 1 cm puis 2 cm et surpiquer.

TABLIER (ENVERS)

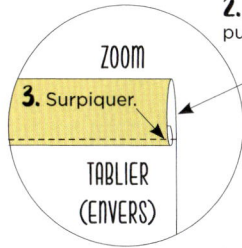

ZOOM

2. Plier 1 cm puis 2 cm.

3. Surpiquer.

TABLIER (ENVERS)

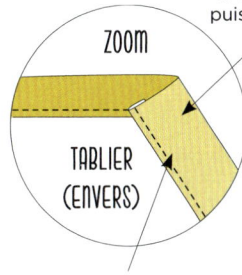

ZOOM

4. Plier 1 cm puis 3 cm.

TABLIER (ENVERS)

4. Surpiquer.

4. Plier 1 cm puis 3 cm.

4. Surpiquer.

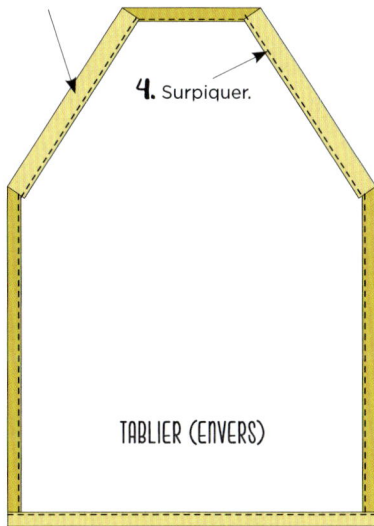

TABLIER (ENVERS)

4. Sur les diagonales, faire un ourlet de 3 cm sur 1 cm.

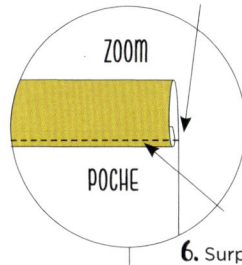

ZOOM

6. Plier 1 cm puis 2 cm.

POCHE

6. Surpiquer.

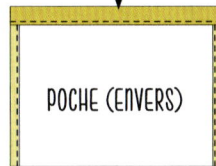

POCHE (ENVERS)

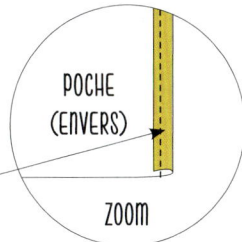

POCHE (ENVERS)

ZOOM

5. Plier 1 cm et surpiquer.

C

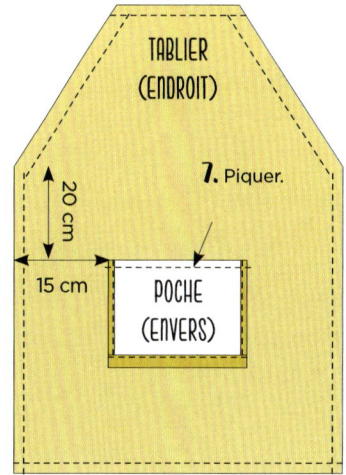

TABLIER (ENDROIT)

20 cm

15 cm

7. Piquer.

POCHE (ENVERS)

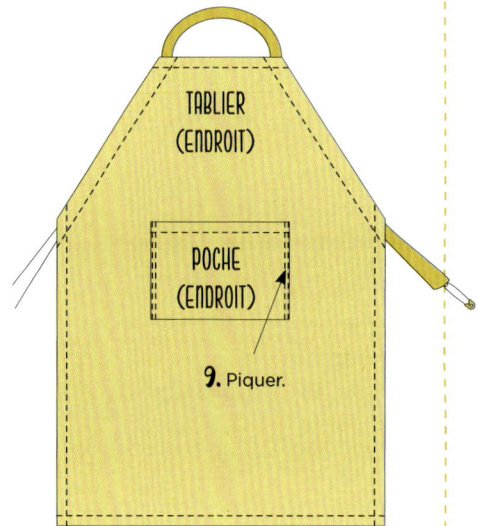

TABLIER (ENDROIT)

POCHE (ENDROIT)

9. Piquer.

Les gants DE CUISINE ✱

Plan de coupe, échelle 1/4

🏷 MATÉRIEL

→ 31 cm par 82 cm de coton matelassé
→ Une machine à coudre

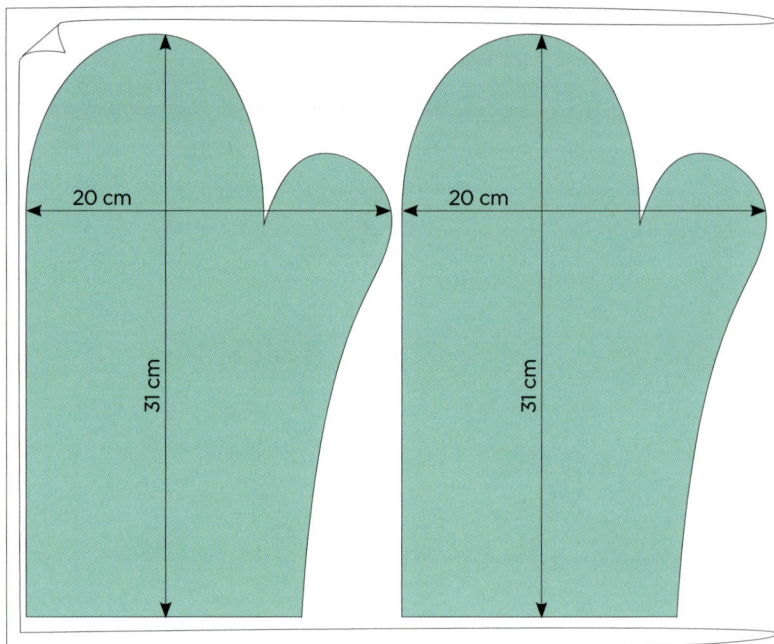

20 cm		20 cm
31 cm		31 cm

LE PLAN DE COUPE

🪡 RÉALISATION

A› PRÉPARATION

1. Photocopier la forme du gant à 400 %.

2. Découper le gant en papier sur le trait plein.

3. Découper 4 gants en tissu en se servant de la forme en papier.

B› ASSEMBLAGE

4. Assembler les gants, deux par deux et endroit contre endroit, puis piquer à 1 cm.

5. Recouper les arrondis à 5 mm de la couture.

6. Au niveau du creux du pouce, cranter jusqu'au ras de la couture.

7. Retourner un des gants sur l'endroit et le glisser dans l'autre gant.

8. Piquer la base du gant en laissant une ouverture de 7 cm environ pour pouvoir retourner.

9. Retourner le gant et faire une surpiqûre à 2 mm tout autour de la base du gant.

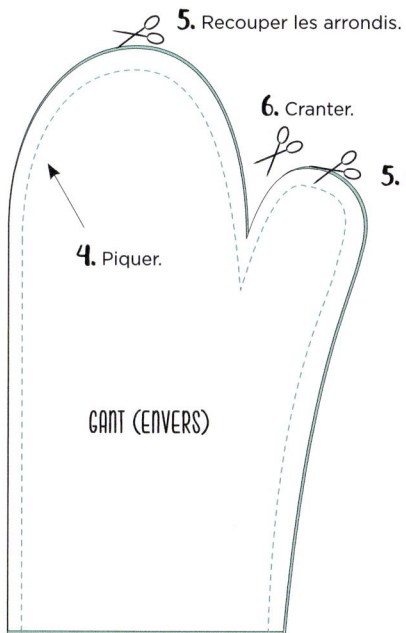

5. Recouper les arrondis.

6. Cranter.

5. Recouper les arrondis.

4. Piquer.

GANT (ENVERS)

GANT (ENVERS)

7. Glisser les gants l'un dans l'autre.

GANT (ENDROIT)

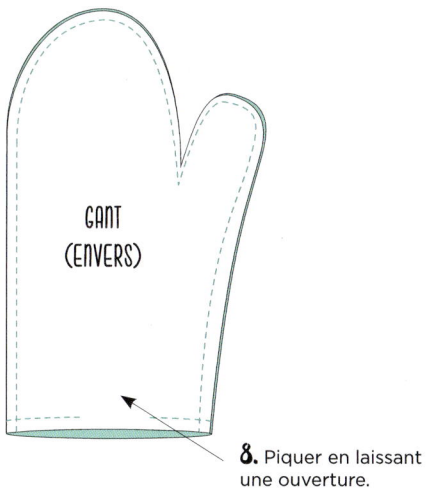

GANT (ENVERS)

8. Piquer en laissant une ouverture.

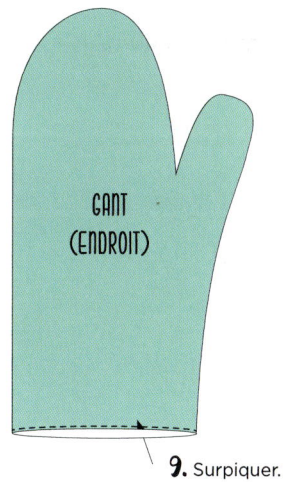

GANT (ENDROIT)

9. Surpiquer.

Le sac à
TARTE

30

Le sac à TARTE

Plan de coupe, échelle 1/8

🏷️ MATÉRIEL

→ 40 cm par 106 cm de tissu
→ Une machine à coudre

ANSE :
X 4 RECTANGLES
DE 5 CM PAR 40 CM

LE PLAN DE COUPE

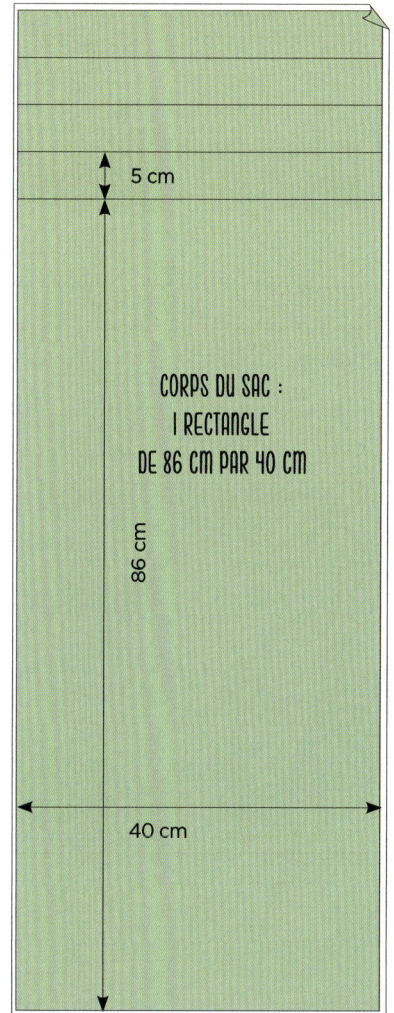

5 cm

CORPS DU SAC :
1 RECTANGLE
DE 86 CM PAR 40 CM

86 cm

40 cm

🧵 RÉALISATION

A› COUPE

1. Couper :
- 1 rectangle de 86 cm par 40 cm
- 4 rectangles de 40 cm par 5 cm

B› COUTURE DU CORPS DU SAC

2. Faire les ourlets du haut du sac. Pour cela, à chaque extrémité, plier 1 cm puis 2 cm.

3. Surpiquer à 2 mm du bord de l'ourlet.

🚩 B

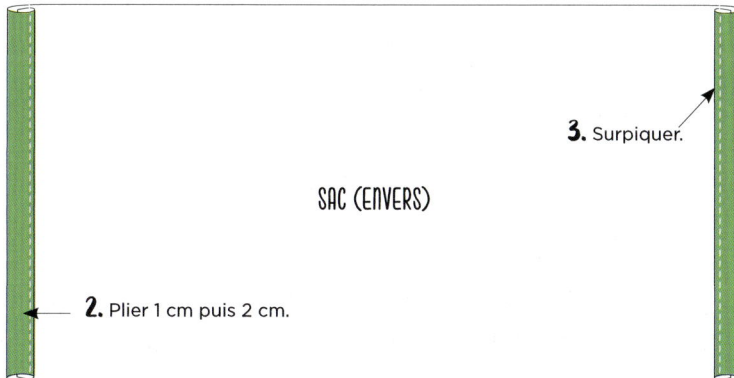

SAC (ENVERS)

3. Surpiquer.

2. Plier 1 cm puis 2 cm.

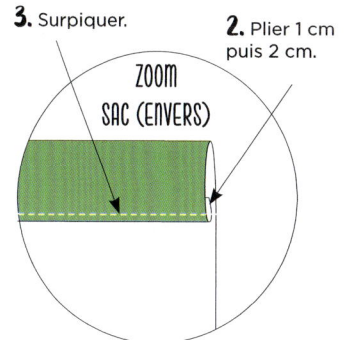

3. Surpiquer.

2. Plier 1 cm puis 2 cm.

ZOOM
SAC (ENVERS)

Le sac à tarte
(suite)

C

ANSE
(ENVERS)

4. Piquer.

5. Retourner.

ANSE
(ENDROIT)

ANSE
(ENVERS)

ANSE
(ENDROIT)

6. Surpiquer.

ANSE
(ENDROIT)

SAC (ENDROIT)

ZOOM

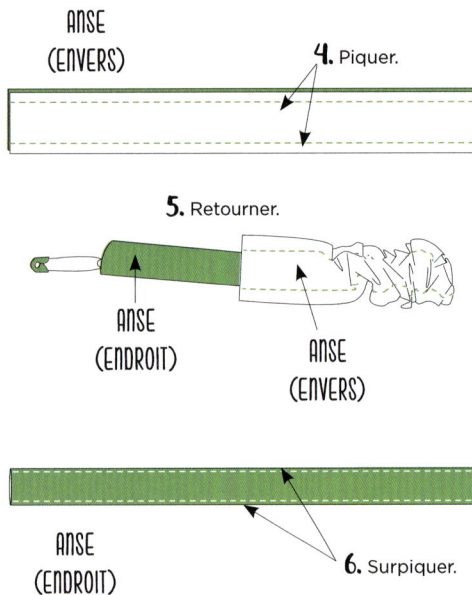

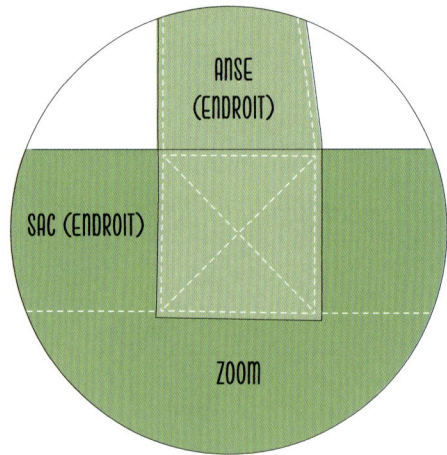

⚙ RÉALISATION (SUITE)

C› COUTURE DES ANSES

4. Piquer à 1 cm les longueurs des anses, endroit contre endroit.

5. À l'aide d'une épingle de nourrice, retourner les anses sur l'endroit.

6. Surpiquer les longueurs à 2 mm.

7. Positionner les anses à 11 cm des côtés du sac.

8. Pour fixer les anses au sac, faire un rentré de 1 cm à leurs extrémités.

9. Les fixer au sac en faisant une croix comme sur le schéma.

D› ASSEMBLAGE

10. Rabattre les côtés du sac sur le milieu de celui-ci et piquer de chaque côté.

11. Retourner le sac sur l'endroit.

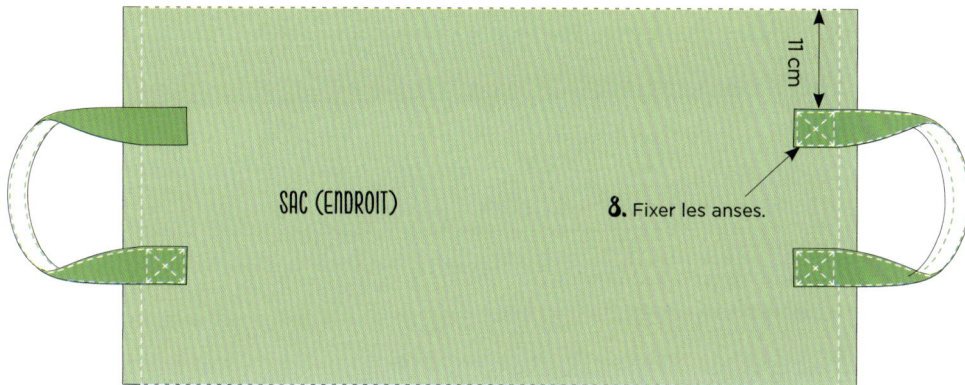

SAC (ENDROIT)

11 cm

8. Fixer les anses.

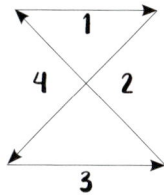

1

4   2

3

9. Piquer en suivant les flèches.

D

SAC (ENVERS)

SAC (ENDROIT)

10. Piquer.

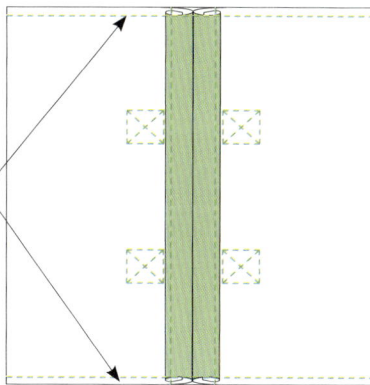

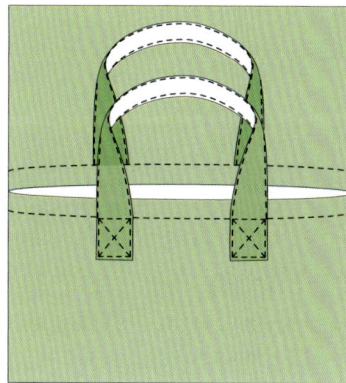

REMERCIEMENTS :

p3 et p7 faon et p7. lampe Bianca and Family www.bianca-and-family.com
p3 boites en tissu Petit Pan
p.7 bobines de fil Sajou www.sajou.fr
p54 porte-clé pastèque Anne Claire Petit www.anneclairepetit.nl
p87 oiseau Petit Pan www.petitpan.com
p92 crayons TROMPETTE STORE www.trompette-store.com
p96 sabots Bosabo www.audouin-bosabo.com
bibliothèque Laurette www.laurette-deco.com
Singer www.singerfrance.com

Linna Morata
beaucoup d'amour tous les jours

France Duval-Stalla

Direction d'édition : Thierry Lamarre
Edition : Adeline Lobut
Réalisation et textes : Coralie Bijasson
Photographies Jean-Baptiste Pellerin
Stylisme : Dominique Turbé
Correction-révision : Isabelle Misery
Mise en pages et couverture : Either Studio
Fonds et illustrations : Freepik ; Damien Payet

Éditions Marie Claire
Publiées par Société d'Information et de Créations - SIC
Une société de Marie Claire Album
10, bd des Frères-Voisin, 92792 Issy-les-Moulineaux Cedex 9 - France
Tél. 01 41 46 88 88
RCS Nanterre 302 114 509
SARL au capital de 3 822 000 euros
© 2016, Éditions Marie Claire - Société d'Information et de Créations - SIC

PEFC
PEFC/01-21-246
Certifié PEFC
Ce produit est issu
de forêts gérées
durablement et
de sources contrôlées.
www.pefc.org

ISBN : 978-2-84831-967-4
N° Éditeur : 38369
Imprimé par G. Canale, Bucarest (Roumanie)
Dépôt légal : avril 2016

www.editionsmarieclaire.com